自分の頭で考え、
学ぶ楽しさ、
挑戦する喜びを
教えよう

著 アナ・ロレーナ・ファブレガ
訳 竹内薫 Kaoru Takeuchi

The Learning Game

Ana Lorena Fábrega

徳間書店

息子のフェルへ。いつまでも好奇心旺盛でいて。

序文：デイヴィッド・ペレル

はじめて会った瞬間、アナは大きな成功を収めるだろうという予感がした。彼女の教えることへの情熱や、学びに対する彼女自身の強い意欲が、そう感じさせたのだろう。もしかすると、彼女の教育に対するビジョンの明確さに驚いたからかもしれない。

私が出会ったとき、彼女はまだ公《おおやけ》にはほとんど何も書いていなかった。彼女は学校のシステムが生徒たちや自分自身に合っていないと苛立《いらだ》ちを募らせ、教室での指導から退《しりぞ》いたばかりの教師だった。

しかし、私たちは出会ったその日から教育へのビジョンを共有してきた。アナと同じく、私も学習方法の改善に職業人生を捧げてきた。二人とも、まさに大人しくて従順な国民を生みだすように設計された教育システムにうんざりしている。学校は、好奇心に満ちあふれ、生涯にわたって学習する人たちを輩出するべきなのだ。学ぶことは好きなのに、学校は嫌いという子供が多すぎる。今こそ、それを変える時なのだ。

彼女とは私の生徒の一人として出会った。私の講座〝Write of Passage〟（※）がきっかけで、彼女ははじめて一貫した文章を書いて発表するようになった。彼女のツイートが拡散され、読者の数が爆発的に増えるのを目の当たりにして、人々がどれほど学校制度を改革し、新しいものを構築したがっているかがわかった。アナの動向を追うことで、教育の未来が垣間見える。彼女の著作では、私たちの子供や孫たちがたどるであろう地図が示されている。

※〈自分のアイディアをオンラインで発表し、キャリアを開拓する講座〉

アナはデジタルネイティブなアプローチで際立っている。アナの文章が新鮮なのは、新しいアイデアを統合しているからだ。教育理論に加え、ゲーム、投資、起業の世界からのアイデアも取り入れている。彼女はシステムに縛られていない。テクノロジーを否定するのではなく受け入れ、子供たちを下に見るのではなく尊重する。そのカリスマ性で自らの道を切り開いた彼女は、世界中の親や教師たちを魅了している。彼女の考え方は、教室で過ごす時間によって高められている。10年近く直接教壇に立った経験に加え、子供の頃に7カ国で10校の学校に通っている。その多様な経験が、彼女の独創的な思考を可能にしているのだ。

作家としても、アナは同業者と異なっている。教育について書かれた本の大半は、無味乾燥で頭でっかちだ。それに比べ、アナの文章はユニークだ。生き生きとして、想像力豊かで、何十年にもわたる経験に裏打ちされている。

教室の中でのアナの影響力を表す、二つのエピソードがある。生徒たちは彼女をとても慕っており、そのうちの19人が彼女の結婚式にサプライズでお祝いに駆けつけたという。

また、アナと私が子供向けの教育サマーキャンプを主催したとき、ある親は、アナの教え方に感銘を受け、娘のうつ状態に対する肩の荷が下りたとメールをくれた。

次に挙げたいのは、アナの建設的な反逆だ。他の教師が共通テストの準備のために詰め込み授業をするなか、アナは従来の教育システムに立ち向かい、独自のカリキュラムを提供する勇気があった（それでも、彼女のクラスはＭＡＰテスト〈子供の学力達成度を測る共通テスト〉で、数学と読解で1位になった）。

世界はこの本を必要としている。私たちの学校は産業革命時代の遺物だ。学校は好奇心よりも服従を重んじる。「学び」の名のもとに、学校は好奇心を潰《つぶ》す製造機械と化している。テクノロジーや学習科学が進歩しても、学校は基本的に１００年前と変わらない。あまりにも多くの生徒が、退屈し、やる気を失い、積極的に学べずにいる。本書でアナは、教育の問題に対する型破りな解決策を紹介している。優秀な成績が表彰される世の中で、アナはご褒美にノーと言っている。他の教室の生徒たちが、授業計画に縛られるなか、アナは自分の生徒たちには自由裁量を与え、好奇心の赴《おもむ》くままに自分たちのプロジェクトに取り組ませた。また、退屈な事実や数字や公式の代わりに、生徒の心を惹《ひ》きつけるような物語を通して教えた。

本書は学習の転換点に登場した。インターネットと高速なコンピュータ処理は、教育にとって最高の出来事の一つだ。

アナが書いているように、インターネットは子供たちが自分で自分に教えることを可能にする驚異的な状況を作りだしている。今こそ、画一的なシステムから脱却する時だ。情報があふれるこの世界では、学習の速度は好奇心次第だ。私たちは、子供たちが自分で学ぶ方法を教えなければならない。

本書は、これまでのやり方を変えたいと考えている学校、学ぶことを好きになりたいと思っている生徒、そして子供たちのための選択肢に不満を抱いている親たちのために書かれている。かつてのやり方ではなく、今の世の中のやり方に合ったシステムを構築する気概さえあれば、教育はどのようなものであり得るかを覗《のぞ》き見ることができるだろう。

デイヴィッド・ペレル

2023年9月

もくじ

PART 2
子供たちはどうやって学ぶか

PART 3
夢中にさせるゲームの力

PART 4
成功する子どもを育てる学びのゲーム

PART 5
可能性を引き出す模範的な親

PART 6

自分だけの学びのゲームを設計しよう

学びのゲームをさらに進めるために

ブックデザイン　山之口正和＋齋藤友貴（ＯＫＩＫＡＴＡ）

私は教師だった、大好きだった、でも学校を辞めた

パナマ、コロンビア、ベネズエラ、インド、メキシコ、ブラジル、そしてアメリカ。私は子供の頃、計7カ国で、10の学校に通い、常に新しい言語、文化、社会規範に囲まれて育った。しかも、通った学校のタイプも、インターナショナルスクールから地元の学校、公立校から私立校、無宗教の学校から宗教系の学校までと、まちまちだった。

私たち家族はしょっちゅう違う国へ引っ越しをし、時には学年の途中で転校することもあった。転校する時期の間が悪かったり、現地の言葉がわからなかったりしたせいで、同じ学年をやり直さなければいけないこともあった。子供にとっては本当に大変なことだ。私はいつだって新入りの女の子だったのだ。

振り返ってみると、環境がガラッと変わっても、私はかなりうまく適応することができた。それは、私がとても社交的で人懐っこい子供だったからだと両親は言っている。確かに、そのおかげで友だちを作ることができ、物事もスムーズに運んだ。でも、新しい学習環境や周りからの期待についていけたのは、性格のせいだけではない。私は、「学校というゲーム」のやり方を

見つけだしたから適応できたのだ。

学校というゲームでは、先生を喜ばせ、良い成績を取り、次の学年に進級することで成功を収める。秩序、服従、順守というルールに従えば勝ちなのだ。姿勢よく座る。静かにする。授業に集中している振りをする。手を挙げてから発言する。言われたとおりにする。何事にも疑問を抱かない。時間割に従う。課題問題の紙を埋める。私はその達人になった。でも、学校というゲームは、私の学びの役には立たなかった。私はすぐに、学校はむしろ学ぶ真似事をする場であることに気づいた。

私にとって本当の学びは、自分の好奇心を探求し、創造性を解き放ったときに起きた。それは教室の外でだった。例えば、自分で寸劇やダンスの振りつけを考えたり、独自のボードゲームを作ったり、お人形さんのウェディングドレスをデザインしたり、遊び部屋を博物館に変えたり、砦《とりで》を建てたり、泥団子を作ったり、自然の中を散策しながら幾何学的なパターンを見つけたり、自分で見つけた謎を解いたり、そして、そうしたことすべてを日記に書いたりするときだった。

私は、学校というゲームのやり方を見つけだしたから適応できたのだ。

私はこうした活動を、自分の「学びのゲーム」とみなすようになった。学校での活動は「学校というゲーム」であり、私が本当に学ぶことができる「学びのゲーム」は、教室の外での活動だった。

学校というゲームで成功することで、自分の時間に、本当にやりたいことをすべてやることを許されるのだと思った。高校を卒業するまで、学校というゲームをしつづけた。得意だったけれど、好きではなかった。

私が心から楽しんだのは、学ぶことそのものだった。私は好奇心が旺盛で、自分が考えたことについて何時間でも話すことができた。自分なりのさまざまなプロジェクトに携わることは、私に活力を与えてくれたし、物事を説明し、人々の関心を集める方法も自然と身についた。

そういうわけで、高校を卒業すると同時に、学ぶことへの情熱を他の人々と分かち合うために、教育者を目指すことに決めた。

私は、幼児教育、特殊教育、心理学の学位を取得しながら、ニューヨークの5つの学校で講師を務めた。教室では、あらゆる年齢と背景を持つ、何百人もの子供たちと出会った。そしてその時、私は気づいた。どの学校でも、生徒たちはこう指示されていた。「姿勢良く座りなさい。静かにしなさい。注意して聞きなさい。手を挙げて発言しなさい。言われたとおりにしなさい。なぜかと疑問を持ってはいけない」

この生徒たちもまた、学校というゲームに興じていた。私はこのゲームに身に覚えがあった。私自身がその達人だったのだから！

このゲームが世界共通だとは思いもしなかった。

このことが、教育がどこで行き詰まっているのかについて目を開かせてくれた。子供たちは学校というゲームに縛られ、自分で考える代わりに先生の真似をし、失敗から学ぶ代わりに失敗で減点され、枠にとらわれずに考える代わりに型にはまった行動をし、物事を自分で理解する代わりに指示を待っているのだ。

子供たちに本当に学んでほしいなら、学校というゲームにとらわれてはいけないと私は悟った。

自分のクラスを受け持つようになったとき、私は違うやり方をしようとした。そして、ある程度まではうまくいった。

子供たちは学校というゲームに縛られ、自分で考える代わりに先生の真似をしている。

私は、毎日学校に来たくなるような、生徒中心の環境を作りたかった。たとえそれが、学校の方針から外れることであっても、生徒が自分の興味が持てるものを探し、夢中になれるものを探求するように後押しした。生徒が自分の学習に主体性を感じられるように、柔軟に選択肢を提供するように努めた。生徒たちに、あらゆることに疑問を持つように促した。

「誰がそう言ったの？」

「どんな反論がある？」

「この話で語られていない言外の意味はなに？」

「誰か、これが間違っていることを証明して見せてくれない？」と。

そして自分たち自身で物事を解決させるのだ。

いちばん大切なのは、生徒たちに学ぶことへの愛情を植えつけることだった。それに成功すれば、生徒たちは学業でも人生でも成功するだろうことが、わかっていたからだ。私の願いは、生徒たちが生涯を通じて、学習への情熱を持ち続けてくれることだった。

でも、驚いたことに、生徒たちは学年が進むにつれて、学ぶ喜びを忘れ、興味を失っていった。多くの生徒がリスクを冒したり、質問したりすることをやめ、読んだり書いたりなど、かつては好きだったことに怯《おび》えるようになる生徒もいた。

彼らは「学びのゲーム」をやめ、「学校というゲーム」に引きずり戻されていった。

幼い子供たちは
好奇心が旺盛で、学びたいという
欲求が備わっている。
年齢が上がって学校に
通うようになると、
学ぶことを強制されるようになる。
興味を失ってしまうのも
無理はない。

中学や高校で、良い先生のもとへ進んだ生徒にさえ、共通する傾向があるように思えた。なぜ、私の生徒たちは学習への興味を失ってしまったのだろう？

幼い子供たちは好奇心が旺盛で、学びたいという欲求が備わっている。年齢が上がって学校に通うようになると、学ぶことを強制されるようになる。生徒たちには、学ぶ教科、進度、授業の進め方について、選択権がない。いくら一人ひとりの教師ががんばっても、選択と探究の余地がほとんどないシステムに組み込まれる。彼らが興味を失い、学校というゲームに身を任せてしまうのも無理はない。

私は教育システムと、そのなかでの自分の役割に疑問を持ちはじめた。

創造性や選択肢よりも成績や合格点に報いるような、画一的なカリキュラムを教えざるを得ない状況で、教師はどうやって生徒たちに、永遠に続く学習への愛情を培《つちか》うことができるのだろうか？

長年教壇に立ったあと、私は学校システムから離れるという苦渋の決断をした。もっといい方法があっただろうけれど……。

私は新たな疑問を投げかけ始めた。

■ どうすれば「学校というゲーム」を「学びのゲーム」に変えることができるか？

■幼少期から大人になっても、学びを持続可能なものにするには、どうすればいいか？
■子供たちがワクワクドキドキしながら学ぶ、という原点に立ち返るにはどうすればいいか？
■どうすれば、学びのゲーム、そして人生というゲームで成功するために必要なツールを、子供たちに身につけさせることができるだろう？

この本は、こうした疑問に答えようとする私の試みである。私が教師を辞めてからの仕事、教訓、発見を集めてある。教育システムのルーツから現代の学校カリキュラムに至るまで、私たちが当たり前だと思ってきたことに、挑戦する方法が書かれている。

しかし、単なる学校についての本ではない。何よりもまず、子供たちについての本なのだ。子供たちは、未来の発明者であり探検家なのだ。子供たちの学習環境が、彼らの可能性を最大限に引きだしているかどうかを繰り返し問い直すことは、私たちの責務だ。私たちが彼らの学びの軌道修正をしなければ、誰がするのだろう？

さて、私の目的は、明日にでも子供たちを学校から連れだすよう説得することではない（連れだそうと決意されても構いませんが）。むしろ、伝統的な学校教育が、現代の子供たちのニーズに合わなくなっている理由を理解してもらうことにある。

私たちは、子供たちが学校というゲームから抜けだす手助けをする義務がある。子供たちは、彼ら自身と、絶え間なく変化し続ける私たちの世界に連動した、より優れた、重要なゲームに参加する権利がある。それは、あなたと子供たちが、共に設計するゲームだ。そして、それこそが、この本のテーマだ。

子供たちは未来の発明家であり探検家だ。私たちが彼らの学びの軌道修正をしなければ、誰がするというのだろう？

本書の読み方は自由だ。速い人なら、一気に読み切れるくらいの長さだが、一日1章ずつ読んでも大丈夫。目次を見て、自分に最も関係のある章を選び、そこだけ読むのもよいだろう。

最初の数章では、現在の学校が子供たちに教えている状況を検証し、子供たちが実際にどのように学んでいるのかを対比してみる。

次に、家庭で利用できるゲームや実践的な戦略という視点から、教育を再考する。

最後に、親が自分の子供たちの学びについての旅に乗りだす際に、判断材料となる、メンタル的なモデルとツールについて取り上げる。

本書の最も重要なポイントについては、「自分だけの学びのゲームを設計しよう」にまとめてある。

巻末には、(学校を辞めずに)新たな選択肢を検討している人たちのための実用的な資料、さらに〝ミズ・ファブのおすすめ本〟と、その要点を掲載してある。

この本は単なる文章ではなく、ツールキットだと考えてほしい。さまざまな切り口から、嚙み砕いて読み解き、参考にして、読み返してほしい。子供たちと一緒に、自分たちの学びのゲームを組み立てるために利用してほしい。

最終的には、この本があなたに自信を与えることを願っている。学びの仕組みについて、これまで言われてきたことを疑う自信。当たり前だと思っていたことを捨て去り、自分自身で教育について考え直す自信。新旧両方の戦術、テクニック、手法を試す自信。斬新なアイデアを探求する自信。どんな方法が自分に合っているかを見つけて、子供たちの目を輝かせる自信などなど。

さあ、出発しよう。

アナ・ロレーナ・ファブレガ

PART 1

学校の優等生はいらない

1 学校で教えられる7つの危険な教訓

ジョン・テイラー・ガットは、年間最優秀教師として何度も表彰された経験を持つ、ニューヨーク市の義務教育システムにおける著名な教育者だ。

1991年、3年連続で年間最優秀教師賞を受賞したとき、彼はウォールストリート・ジャーナル紙に記事を寄せた。教育界に対する感謝の言葉を長々と並べ、学校教育の重要性について語ったのだろうと思われるかもしれない。けれど、彼の記事は、次のような言葉で始まっていた。

「私は24年間も公立学校で教鞭をとってきたが、もうこれ以上は無理だ。何年にもわたって、子供たちを傷つけないようなカリキュラムで指導させてほしいと、地元の教育委員会と教育長にお願いしてきたが、彼らは他の問題に忙殺されて、応じてくれなかった。だから私は辞めるつもりだ」(1)

この発表は多くの人を震撼させた。ニューヨークで最も影響力のある教育者が、学校教育システムから抜けただけでなく、それを糾弾したのだ。

ガットはそれだけに止まらず、数カ月後に本を出版した。『バカをつくる学校（Dumbing Us Down）』(2)と題されたこの本では、教える内容について教師に制約を与えることの問題点が述べられている。

ガットは、生徒たちとその将来を心から案じる、類《たぐい》まれな教育者だった。その彼が、教育システムが子供たちを助けるどころか傷つけている状況に、最初に声を上げた人物となったのだった。

私たちに、伝統的な教授法が間違った方向に進んでしまった原因を理解させてくれる人物として、ガットほど適した人物が他にいるだろうか？

彼は『バカをつくる学校』で、学校システムによって、教育者が生徒たちに教えることを強いられている、7つの「危険な」教訓のあらましを説明している。この章では、この7つの教訓をもとに、教育システムの現状を突き止める。また、他者や自分自身に教える方法を新たに構築する必要があることを示す、いくつかの考え方も紹介する。

それでは、それぞれの教訓を紐解いていこう。

教訓1 混乱

学校のカリキュラムは、子供たちがそれぞれの科目を切り離して学ぶことを強いている。ガットは言う。

「私が教えることは、すべて脈絡がない。私はあらゆるものを関連づけないように教えているようなものだ。分断を教えているのだ。そして、教えることが多すぎる。惑星の軌道、概数の法則、奴隷制度、形容詞、建築図面、ダンス、体育、合唱、集会、サプライズゲスト、消火訓練、コンピューター言語、夜の保護者会、職員研修日、習熟度別の選抜授業、生徒が二度と会うことのない見知らぬ人たちとのガイダンス、標準テスト、外の世界では見たことのない年齢別クラス編成……。いったい、これらのどこに、どういう関係があるというのか？」(3)

学校のカリキュラムは、子供たちが現実の世界の仕組みについて首尾一貫したイメージを構築するのに役立っていない。生徒たちは三角関数を学ぶが、何かを作る機会はほとんどない。例えば、家を設計するときなど、実際に三角形の斜辺がどのように応用できるかを知る機会がないの

理論を…

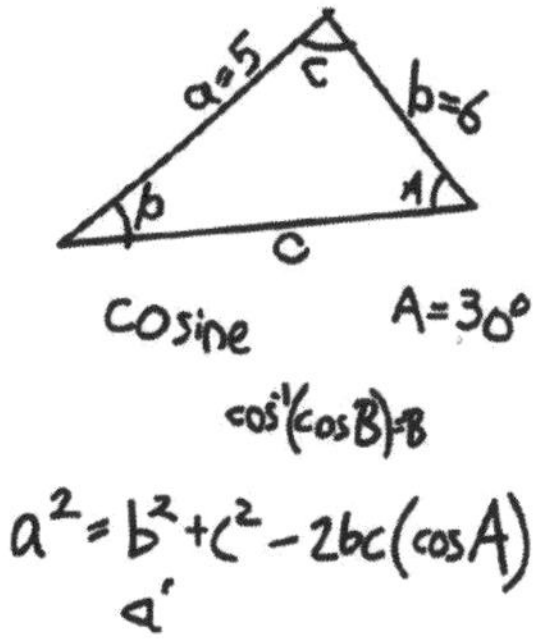

…文脈のなかで学ぶ

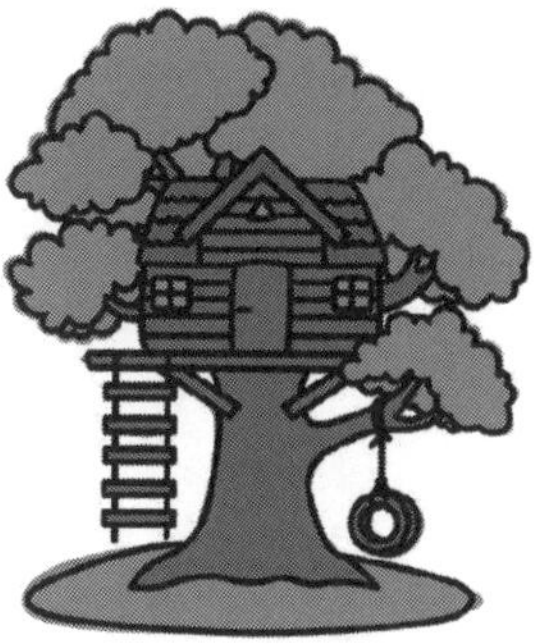

だ。物事がどのように組み合わさっているのか、子供たちが戸惑うようになるのも無理はない！

多くのことを別個に教えるのではなく、文脈に沿って教えたらどうだろう。子供たちはある概念を、関連するプロジェクトを組み立てたり、現実の問題を解決するために利用する時、いちばん上手くその概念を自分のものにする。

文脈に応じて習得したツールのほうが、実社会ではるかに役に立つ。私たちはウェブサイトを作るときに（プログラミング言語の）コードを使う。予算を立てるときには数学を使う。好きなトピックについて書きたいときには言語力を磨く。文脈に応じて焦点を合わせないと、学びは退屈で無意味になってしまう。

教訓2 教室での地位

学校はすべての子供を適切な場所に置くことに執着する。ガットはこう書いている。

「私は生徒たちに、自分のクラスに留まっていなければいけないと教える。誰が私の子供たちの所属場所を決めているのかは知らないが、私には関係ないことだ。子供たちには番号が振られており、逃げ出した場合は、正しいクラスに戻すことができるようになっている。学校による子供たちの番号づけの方法は、年々、劇的に多様化しており、子供たちは背負う番号の重みに圧《お》し潰《つぶ》され、人間としての姿が見えづらくなっている」(4)

子供たちは、自分が置かれた場所に留まることを学ぶ。あたかも全員が同じ速度で成長し、模範的な生徒の型にはまるべきであるかのように扱われる。

生徒、先生、今週のスター、卒業生総代――学校では、全員に対して、はっきりした枠があり、一人ひとりの立場が明確にされている。子供たちは、一緒に学んだり協力したりするのではなく、競い合い、地位を高め、大人を喜ばせることを奨励される。

子供たちに、自分で自分の成功を定義する自由を与えたらどうだろう？　子供は一人ひとり違う。才能も課題も、目標や情熱も違い、世界に貢献できる方法も違う。地位を競い合うのではなく、協力することを奨励したらどうだろう？　そうすれば、真の成功は人々が協力することから生まれることを学ぶだろう。生徒たちは、自分を自分たらしめているものを発見する居場所を手に入れ、最高の自分を仲間や社会に提供できるようになるだろう。

教訓3 無関心

学校は子供たちに、ひとつのテーマに没頭しすぎないように教える。ガットは言う。

「私は子供たちに、たとえそういうフリをしてみせたいだけだとしても、何事も気にしすぎないようにと教える。その方法はとても微妙なものだ。

私は生徒たちに、私に認められようと期待して席で体をうずうずさせながら、激しく競い合わせ、夢中になって授業に参加することを求める。彼らがそうしてくれると心が温まる。私自身も含め、誰もが感動すら覚えるだろう。

調子が良いときは、このような熱狂的なショーを演出するために、細心の注意を払って授業を計画する。しかし、いったんチャイムが鳴れば、すぐにその時していることを中断し、急いで次の教室に向かうように指示する。生徒たちは、電気のスイッチみたいに、オンとオフを切り替えなければならないのだ」(5)

課題や授業時間、単元が終わると、生徒はその教科の勉強をやめることになっている。どんなに好きなことであろうと、次のことに進まなければならないのだ。

私は、詩の授業で、ようやく小学3年生の生徒たちを盛り上がらせることができたのに、その直後、次の授業に移るためにやめさせたことを覚えている。生徒の興味に火をつけた瞬間、それを打ち切らざるを得ない状況で、生徒がその対象に関心を持つことなど期待できるわけがないのだ。

子供たちはある概念を、関連するプロジェクトを組み立てたり、現実の問題を解決するために利用するとき、いちばん上手くその概念を自分のものにする。

生徒たちはコンピューターのように扱われ、こちらが命じる何にでも注意を切り替えるように求められる。それは人間性を失わせ、イライラさせ、生産性の大きな足かせとなる。また、人生のあり方とも、大きくかけ離れている。

私たちは、子供たちに
自分の興味の赴くままに、
刺激を受けるテーマを
深く掘り下げる権限を
与えるべきなのだ。

「ちょっと待って、文脈の切り替えやマルチタスク、つまり適応力を持って、さまざまな課題や技能を瞬時に切り替える能力は、現実社会で貴重なスキルではないの？」と思われるかもしれない。でも、いくら探しても、それがよいことだと裏づける研究が見つからないのだ。それどころか、研究によると、集中した方が効果的で、注意を払うことができ、生産的になることがわかっている⑹。

考えてみれば、これは現実の生活の仕組みと一致している。ソーシャルメディアで、バラバラと短いトピックのリストをスクロールするのとは対照的に、本を読んだ時に、その主題についてどれだけ深い知識が得られることか。そして現実の世界では、人は自分が情熱を注げるものに徹底的に集中することで、見返りが得られるものだ。次から次へと話題を変える人は、社会が解決を必要としている問題に深入りすることはできない。

私たちは、子供たちに自分の興味の赴くままに、刺激を受けるテーマを深く掘り下げる権限を与えるべきなのだ。子供たちに、大人になって成功する準備を整えさせるための、ずっとよい方法だ。

教訓4 感情的な依存

学校は子供たちに、自分がどう感じるべきかさえ、教師に教えてもらうように指導する。ガットが言うように、「星印や赤いチェックマーク、笑顔やしかめっ面、賞や栄誉や恥じらいを駆使して、私は子供たちに、定められた指揮系統に自分の意志を委ねるよう教えている」(7)のだ。

従来の教室では、どの生徒にも、教師が彼らに望む感情を抱かせるようにする。教師のボディランゲージを考えてみよう。これは私たち教師の、最も強力なツールだ。温かく迎え入れる雰囲気なのか、厳格で寄せつけない雰囲気なのか。

生徒たちは、教師が彼らに恥じてほしい時には、恥ずかしさを感じ、教師が彼らに誇りを感じてほしい時には、誇らしく感じるように教えられる。自分の本当の気持ちを感じる権利が奪われるのだ。

子供たちが自分の感情を受け入れるように促したらどうだろう？

子供たちが自分の感情と向き合う手助けをしたらどうだろう？

子供たちは、他人の感情を反映することを強いられている限り、自分の感情を調整してコントロールすることも、立ち直る力を身につけことも学べやしない！

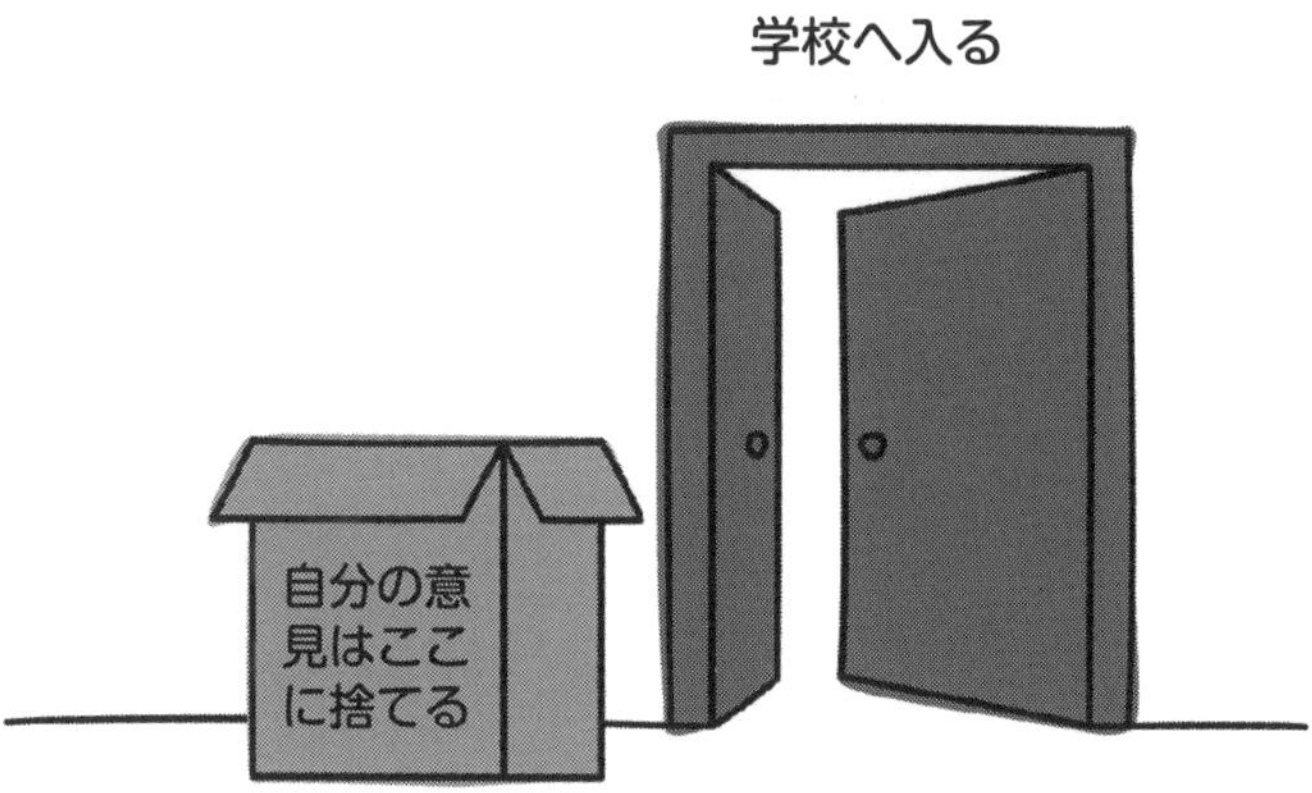

教訓5　知性の依存

学校は、子供たちが自分の頭で考え、独自の視点を養う機会を奪っている。ガットは、この問題をうまく言い表している。

「良い生徒は、教師が何をすべきか教えてくれるのを待つ。これは生徒全員にとって、最も重要な教訓である。生徒たちは、自分自身よりも優れた訓練を受けた他人が、自分の人生の意味を決めるのを待たなければならないのだ」(8)

学校では、子供たちが自分の考えを発展させる余地はほとんどない。彼らの知性は、学校側の押しつけを、どれだけ上手に教師にオウム返しできるかによって決まる。自分のやり方で物事を進めたり、難しい質問をしたりすると、問題児のレッテルを貼られてしまう。

しかし、権威に服従するだけでは社会は前進しない。進歩を生みだすのは、自分の頭で考える人々なのだ。

子供たちは、自分なりの視点を確立し、自分の考えを評価する練習をしなければならない。私たちは、多様性のある考え方を実践し、いつもと違った新しい角度から問題に取り組む、そんな子供たちでいっぱいの教室を増やす必要がある。

教訓6 仮そめの自尊心

学校は子供たちに、自分の価値は専門家（教師など）が自分をどう思うかによって決まると教えている。ガットはこう記している。

「世の中が自信過剰な人で溢《あふ》れかえると、長く持ちこたえられないため、子供の自尊心は専門家の意見に委ねられるべきだと私は教える。生徒たちは常に評価され、判断される。毎月、入念な報告書が生徒の家に送られ、同意を引き出したり、親が子供に対してどの程度不満を抱くべきかを、1パーセント単位まで正確に示したりするのだ」(9)

学校は家族に、親である自分たちの判断に不信感を抱くように教え込む。資格を持った教育者たちが、親が正しい専門知識を持っていないかのように感じさせる。教師は子供の価値を判断する審判となり、厳格な学校の規定に従って、次から次へと欠点を見つけるように促される。

その代わりに、子供たちに内なる物差しを育むことを教えたらどうだろう？

自分の船の船長、つまり、自分の人生を成功させる経営責任者になるように訓練したらどうだろう？

結局のところ、人生を通して、自分の選択、学習、行動、成果に対して、最終的に責任を負うのは自分自身なのだ。

権威ある人物たちは、さまざまな意見を述べて去っていく。最終的に残るのは、自分の「出《で》来《き》」に対する自己評価だけだ。教育の目標は、生徒が自分固有の基準を作り上げ、それを利用して適切な決定を下せるように支援することであるべきだ。

教訓7 生徒は隠れることができない

学校は子供たちを、支配者による注意深い監視下に置く。ガットは言う。

「私は生徒たちに、彼らは常に監視されていること、私や同僚が絶えず一人ひとりを見張っていることを教えている。子供たちにプライベートな空間はなく、プライベートな時間もない。異性間の馴《な》れ合いを低レベルに抑えるため、クラス移動はきっかり300秒で終わらせる。生徒たちはお互いを、あるいは自分の親のことさえ、告げ口することが奨励されている」(10)

子供にはプライバシーもパーソナルスペースもなく、権利もほとんどない。親たちは、自主性は悪いことだと教えられている。それは反抗の種であり、生徒の適切な発達を損なうからだ。

その代わりに、子供たちに大人の自由を味わわせたらどうだろう？

成長するにつれて、自分で何かをする機会をどんどん経験すべきではないだろうか？

プライバシーを確保する時間、創造的なアイデアを生み出す機会、そしてちょっとした挑戦と失敗、そしてもう一度やってみることが必要なのだ。学習には実験がきわめて重要だ。私たちが子供たちと、彼らの選択を監視していたら、子供たちはどうやって、新しいことに挑戦する自信をつけることができるというのだろうか？

ガットが言わんとしているのは、すべての子供がこれらの問題を経験するということではないし、すべての教師があらゆる罠にハマっているということでもない。彼はただ、善意による学校教育システムがもたらす、有害な副産物に目を向けてほしいだけだ。

情熱的で、使命感に駆られ、勤勉な、私たちの味方である教師たちに罪はない。しかし、学校という存在が、彼らを間違った方向へと押しやっていることは事実だ。どんなに抵抗しても、学校教育システムは彼らに犠牲を強い、非生産的な習慣へと向かわせる。

子供たちに、地位を競い合うのではなく、協力することを奨励したらどうだろう？

教師だったとき、私もこの不健全なシステムの圧力を感じた。私だけではない。知り合いのほとんどの教師が、同じように感じている。何年もの間、私はこのシステムが、変化に抵抗するさまを目の当たりにしてきた。だからこそ、従来の学校以外の選択肢を模索するために、学校を後にしたのだ。

学校が崩壊しているのは、そのほとんどが政府によって運営されていて、あまりに中央集権的であることが原因の一つだ。しかし、大抵の私立学校も、危険な教訓をはらんだ、同じ枠組みで授業を行っている。このモデルの欠陥は、世界中のほぼすべての子供たちに影響を及ぼしている。

こうした授業の弊害は、学校だけにとどまらない。このモデルは社会人教育や企業研修にも共通しており、同じ有害な特徴を生きながらえさせている。危険な7つの教訓は、多かれ少なかれ「成功事例」となっている。これらは私たちの学習に対する考え方に浸透し、教室で誰かに指示されなければ、学ぶことができないかのような気にさせている。

これから後の章では、別の視点を提供する。新しい知識やスキルを獲得するのにより適した、学びの代替手段を模索する。そして、退屈でやる気を削《そ》ぐような学習を、刺激的で創造的、かつ、やりがいのあるものへ変えるテクニックを紹介するつもりだ。

でも、その前に、教育がおかしくなってしまった経緯と理由を、もう少し掘り下げてみる必要がある。

つまり、私たちは、こう問わねばならない……。

2 どうして、こんなことになったのか？

学校の問題に気づき始めたのは、初めて担任した生徒たちが成長していくのを見たときだった。私のクラスを離れて、学年が上がっていくにつれて、学ぶことへの情熱が、その瞳から失われていった。彼らは関心を示さなくなった。学ぶことは、退屈な作業になってしまったのだ。

何が悪かったのだろう？

子供たちが大きくなればなるほど、教育をもっと楽しめるようになるものとばかり思っていた。私はジョン・テイラー・ガットのおかげで、学校の問題点を理解することはできたが、戸惑いは消えなかった。どうして、こんなシステムになってしまったのだろう？　このシステムは、どこに端を発しているのだろう？

私は教育の歴史を調べ、驚くべきことがわかった。私たちが教育現場で直面している問題の根は深かったのだ。

●始まりは忠実な兵士の育成

かつて教育は、親や家庭教師、教会の仕事であった。しかし、およそ200年前、プロイセン王国（今はドイツの一部）でこの状況が変わり始めた(1)。政府の指導者たちは、子供たちの教育に責任を持つべきだと考えたのだ。彼らは大きな損害を被ったばかりだった。ナポレオン軍に決定的な敗北を喫し、国土の多くを奪われてしまったのだ。これにより、プロイセンは教育を受けた忠実な兵士からなる軍隊を作ることにした。

二度とあのような敗戦を経験したくなかったのだ。

プロイセン政府は、専門的な建物（校舎）、教員資格、標準化されたカリキュラム、長期にわたる学年度、出席の義務化など、現代の学校システムの基礎を築いた。その目的は、戦争に備えて、忠実で読み書きのできる市民を育成するためだった。

彼らは『学問の自由』を教えたが、そこには国家への奉仕という制限があった。哲学者ヨハン・ゴットリープ・フィヒテは、こう述べている。

「市民は、将来の統一ドイツ国民国家の枠組みの中で、自らの知性を活用して、より高い目標を

教育の年表

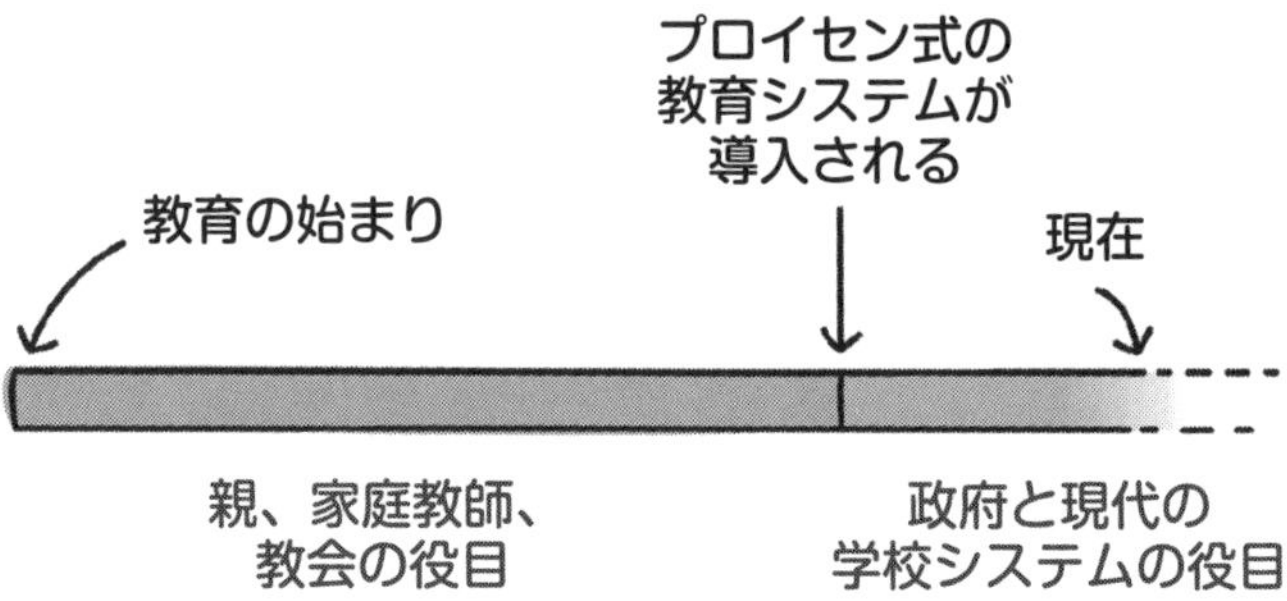

達成することができ、かつそれをする意欲が生まれるようにされるべきである」(2)

このシステムはうまくいった。プロイセンは世界最強の戦闘部隊を築き上げた。このモデルは野火のように世界中に広まり、今日、私たちが学校として知っているものの基礎を築いた(3)。

プロイセン・モデルは、識字率が急上昇する(4)など良い面もあったが、顕著な欠点もあった。教育を洗脳の隠れ蓑《みの》にしたことだ。このシステムは、戦争に勝つための忠実な軍隊を作るために設計されており、自分の頭で考える市民を育てる意図はなかったのだ。

●工場のように教育でも標準化と効率化を目指す

1950年代に入ると、世界中の政府指導者たちが、教育は国造りのために不可欠だと見なすようになった。依然として、忠実な軍隊を育てることが推進要因ではあったが、第二次世界大戦によって、国家の製造能力の重要性が明らかになった。アメリカが優位に立ったのは、自国の工場や組み立てラインが、敵国よりも多くの船舶、戦車、銃、爆弾を製造することができたからだ(5)。その結果、学校の目的は、兵士を大量に訓練することから、企業で働き、工場を運営する管理職を大量に養成することへとシフトした。

このシステムは、自分で考える市民を育てるようには設計されていなかった。

そして、教育を受けた管理職をたくさん輩出するための、最良の方法は何だろう？　彼らを組み立てラインに乗せればいいのだ！　工場の製造モデルは、食品、自動車、衣服、弾丸など、実にさまざまなものに応用されてきた。教育に使用しない手はない。

アメリカは教育の歴史において、次への発展を主導した。テーマは標準化と効率化だった(6)。

子供たちを年齢別にグループに分ける。全員に同じカリキュラムを受けさせる。教科ごとに専門の教師を雇う。チャイムを鳴らしてクラスからクラスへ移動させる。アウトプットを最大化するために、一日の授業時間を長くする。無駄を省くため、おしゃべりや遊びを減らす。型にはまらない者は、不良品のレッテルを貼る。

このモデルが本格的に普及したのは1960年代で、生徒を評価するための、近代的な標準テストが導入され始めた頃だ(7)。こうしたテストは、自動車が正常に機能するかを製造メーカーが確認するのと同じで、品質管理を追跡する方法として機能した。

テストは、自分たちのシステムが機能しているという自信を管理者に与え、学校に説明責任を果たさせるためのものだった。

アメリカでは、近代的な義務教育システムのメリットを見出すのは難しい。50年以上にわたり、標準テストの点数はほんのわずかしか向上していない(8)。有能な工場マネージャーを育成するために設計された学校ならば、国の生産性と生活水準を向上させるはずだと考えるだろうが、実際には1970年代以降、向上率は低下している(9)。

今日、アメリカ人の半数以上が、6年生レベル以上の文章を読むことができない(10)。公立学校への信頼は過去最低で、政府や大企業に次ぐ低さだ(11)。

ビル・ゲイツ、スティーブ・ジョブズ、マーク・ザッカーバーグ、オプラ・ウィンフリー〈女優・司会者として成功した黒人初のビリオネア。慈善家〉、イーロン・マスクなど、最も有名な革新家たちは、学位の課程を中退したことでも有名だ。彼らの物語に説得力があるのは、「学校が何の役に立つの？」という、学生なら誰もが感じていることを浮き彫りにしているからだ。

●指示待ち学習の問題点とレゴブロック

これまで見てきたように、教育の歴史は、個人の学びではなく、国家や政府のニーズを優先させる学習システムを生み出した。

しかし、具体的にどんな根本的な欠陥があるのだろう？

問題の核心は何なのだろう？

この問題は、玩具メーカーのレゴ社の類似の事例を通して、解き明かすことができる。

レゴブロックは、かつては色も大きさもさまざまで、説明書もない大きな箱に入っていた。レゴブロックは、街やロボットや恐竜になったりした。子供たちは、好きなものを、好きなように作ることができた。自力でプロセスを踏んでいったのだ。

同社は売り上げを伸ばすために、別のアプローチを試すことにした。レゴキットの販売だ(12)。

キットには説明書と、花束やハリー・ポッターの教室やトランスフォーマーなど、出来上がりがどんな形になるかを示した写真がついていた。

親たちは夢中になってレゴキットを買い求めた。毎年、世界中で2億2000万セット以上が売れている[13]。しかし、ここに問題がある。キットは、子供たちが自分で問題を解決する機会を奪ってしまったのだ[14]。

認知科学者のデレク・カブレラが指摘するように、問題を解決する側となったのは、キットをデザインするレゴ社の大人たちなのだ。子供たちは結局、箱に印刷された写真を真似ることになる[15]。

確かに、素晴らしい出来ばえになる（親は誇らしいだろう！）。でも、レゴキットは、結局、子供たちに指示に従うことを教えるだけで、子供が自主的に考える余地はほとんどない。

学習プロセスで、踏むべき段階を指定して、指示をしすぎると、子供たちの主体性や創造性が制限されてしまう。

レゴの例は、私たちの教育システムの限界を示すものだ。作家であり起業家でもあるセス・ゴーディンが言うように、「レゴが問題なのではなく、何かとんでもなくおかしなことが起きている兆候が、問題なのだ」(16)。

私たちは、問題を解決するためには、大人の助けが必要であるかのように、子供たちを扱っている。教師や管理職は、授業計画やカリキュラムを綿密すぎるほど作り込み、生徒たちは指示や公式に従うよう言われる。授業計画を作成する大人が、問題解決までしてしまう一方で、子供たちは退屈し、イライラするだけだ。

課題を最終的にどのような形にすべきか、きっちり指定してしまうと、生徒の深く考える能力を軽視することになる。学習プロセスで、踏むべき段階を指定して、指示をしすぎると、子供たちの主体性や創造性が制限されてしまう。

一番問題なのは、大人になってから直面するであろう、難解で曖昧《あいまい》な問題に対処する能力を、生徒たちに身に付けさせないままになってしまうことだ。

私たちの教育システムは、指示（インストラクション）に基づく方法を中心に考えられている。これは最良とは言い難い学習方法であり、多くの重大な問題を抱えている。

第一に、子供たちが弾力的な思考をする機会が少ない

弾力的な思考とは、問題の中で心をさまよわせることによって、新しい視点を発見することだ。新たな発見をしたり、創造的な解決策を見つけたりするためには、非常に重要だ。私たちが子供たちに指示を与えると、彼らが新しい大胆なアイディアに出くわす機会を排除してしまう。このトピックについては、19章で詳しく取り上げる。

第二に、子供たちの学ぶことへの興奮が減ってしまう

具体的な指示を与えることは、子供たちの好奇心を殺してしまうことになる。問題からすべての謎が取り除かれているため、学ぶことに興奮を覚える機会がほとんどないのだ。本当の意味で貢献をする機会がないため、子供たちのモチベーションは低下する。彼らのために、すでに全部解決済みなのだから。

第三に、子供たちの自尊心が低くなる

子供たちは、問題を解決するには指示が必要だと考えるようになる。新しい領域を開拓したり、困難な課題に取り組んだりする権限が与えられていないと感じる。その結果、自己肯定感が急激に低下する。失敗を恐れて、自力で突き進むことを怖がる。

指示は短期的なパフォーマンスを高めるかもしれない。従うべきことがすべて具体的に示されていれば、子供たちの成績は上がるかもしれない。しかし、その代償は？　高いＧＰＡ（成績平

子供たちは、

放っておけば自然に物事を理解する

天性の才能を持っている。

初めは戸惑ったり

自信が持てなかったりするが、

それは良い刺激となり、

型にはまらず、自分の可能性を

最大限に発揮することを促すのだ。

均値）を得るために、子供たちがその過程で創造的な思考、やる気、自尊心を失うほどの価値があるのだろうか？

●指示なしに学ぶ

脚本化された授業計画や、番号通りに色を塗っていく塗り絵のような、独創性のない物の考え方では十分とは言えない。私たちは、本来のレゴの哲学に立ち返る必要がある。積み木が入った箱を渡したら、あとは邪魔をせず、子供たちに自由に作らせればいい。

子供たちは、放っておけば自然に物事を理解する天性の才能を持っている。初めは戸惑ったり自信が持てなかったりするかもしれないが、それは良い刺激となり、型にはまらず、自分の可能性を最大限に発揮することを促すのだ。

積み木が入った箱を渡したら、
あとは邪魔をせず、子供たちに自由に作らせればいい。

指示 INSTRUCTIONS

大人が過剰な指導をやめれば、子供たちは創造的かつ自主的に考えるようになる。子供たちに、より多くのことを学ぶよう求めれば、子供たちはチャレンジに立ち上がり、より夢中になり、よりよい準備をするようになる。

結局のところ、人生には説明書はついていない。人生は混沌《こんとん》として予測不可能なものなのだ。子供たちに実社会に出る準備をさせるためには、彼らの想像力を輝かせる場を与える必要がある。つまり、指示するのをやめて、問題を解決するための余地を作るということだ。

これまで見てきたように、教育の歴史は私たちを指導に基づく学習モデルへと導いてきた。教師には問題を解決する責任があり、生徒はただ指示に従うのが仕事だ。その結果、子供たちはとことんやる気をなくしてしまう。学校は、子供たちがワクワクしながら、自分で難しい問題を解決する機会を奪ってしまう。

では、子供たちが興味を失った場合、教育システムはどのように対応するのだろうか？
生徒のやる気を引き出し、無理やり参加させるよう外からの動機づけを行うのだ。
その方法を見てみよう……。

3 テストとご褒美が間違った方へ向かう

私たちは「説明責任」の名の下に、馬鹿げた手段をたくさん講じてきた。「標準テスト」は学習の成果を測るためのものだが、確実に測定できるのは、子供たちのテストを受ける能力だけだ。

学校は評判を落とさないようにと、標準学力テストの結果で競い合い、生徒の成績が悪ければ教師は職を失う危険性がある。このテストが1年で最も重要なイベントになったのも不思議ではない！

標準テストの時期になると、学校では信じられないことが起きている。

教師はすべてを投げ打って、直前のテストの準備講座に励む。この制度は、教師に生徒の成績を上げるためなら何でもしようという気にさせる。それがどんな予期せぬ結果をもたらすか、想像してみてほしい。

たとえば2015年、ジョージア州のアトランタでは、11人の教育者が長年にわたる不正行為の末、組織的に不正な利益を享受していたと有罪判決を受けている(1)。

もちろん、不正利益はテストが悪いほうへ向かう極端な例である。あまり注目されないが、より広く蔓延《まんえん》しているのは、テストがもっと細やかなレベルの（それでも重大だが）好ましくない行動を促してしまう問題だ。テストのせいで、教師が短期的なご褒美に依存するようになり、（「MAPテストの成績が良かったら、みんなでピザパーティーだ！」といったものも）長期的には生徒の学習意欲をどれだけ低下させていることか。

この章では、従来の標準テストの問題点と、テスト結果を向上させるために学校がよく使う、外部からの動機づけについて検討する。また、生徒の進捗《しんちょく》状況を測り、本物の学びを体験する気を起こさせるための、より良い方法も紹介する。

●標準テストのはじまり

およそ100年前、私たちは生徒の進歩や達成度を評価するために標準テストを利用し始めた。科学者は多くの研究を行い、テストが知能や数学、読解、作文などのスキルを確実に測定できることを裏付けた(2)。

何十年もの間、標準テストは子供たちや親たちに有益な情報を与えてきた。そして今日に至るまで、これらのテストは子供たちの学問的知識や能力を測る基準となっている。

しかし、1960年代後半から状況が変わり始めた(3)。教育システム内での、標準テストの重要性が増していったのだ。時は流れて、現在、標準テストはまったく別の次元で重視されるようになった。

子供たちは留年したり、英才教育プログラムに入ったり、奨学金を得て大学に進学するが、これらはすべて標準テストの点数に基づいている。生徒たちがテストで良い成績を上げられないと、教師は職を失い、公立学校は助成金を失う。

標準テストは、もはや単なる評価テストではない。テストが、教育システムの目的そのものとなってしまったのだ。

学校は「キャンベルの法則」の犠牲になってしまった。この法則によれば、測定することが目的にすり替わってしまうと、学習が破壊されるという(4)。

テストで確実に測れるのは、子供がテストを受ける能力だけだ。

●標準テストの問題点

標準テストは、さまざまな形で教育システムの衰退に寄与してきた。

第一に、テストは劣悪な学習環境を作り出す

子供は自分の興味や情熱に従って学ぶのが一番なのだが、今の教師は子供にその自由を与えることができない。そんなことをしたら、標準テストで学年水準の成績を挙げられないかもしれないからだ！　子供たちは一年の大半を、本格的な学習体験ではなく、テスト準備に費やすことになる。

第二に、テストは生徒の心の健康を損なう可能性がある

テストへの不安は現実のものだ。私は教師として、血が出るまで爪を噛んだり、お腹が痛くて身体を折り曲げる子供たちの姿を、数えきれないほど見てきた。テストに対する不安は成績に影響し、学習や困難な課題に取り組む意欲も低下させる(5)。

第三に、テストは子供が実社会で成功するかどうかを反映していない

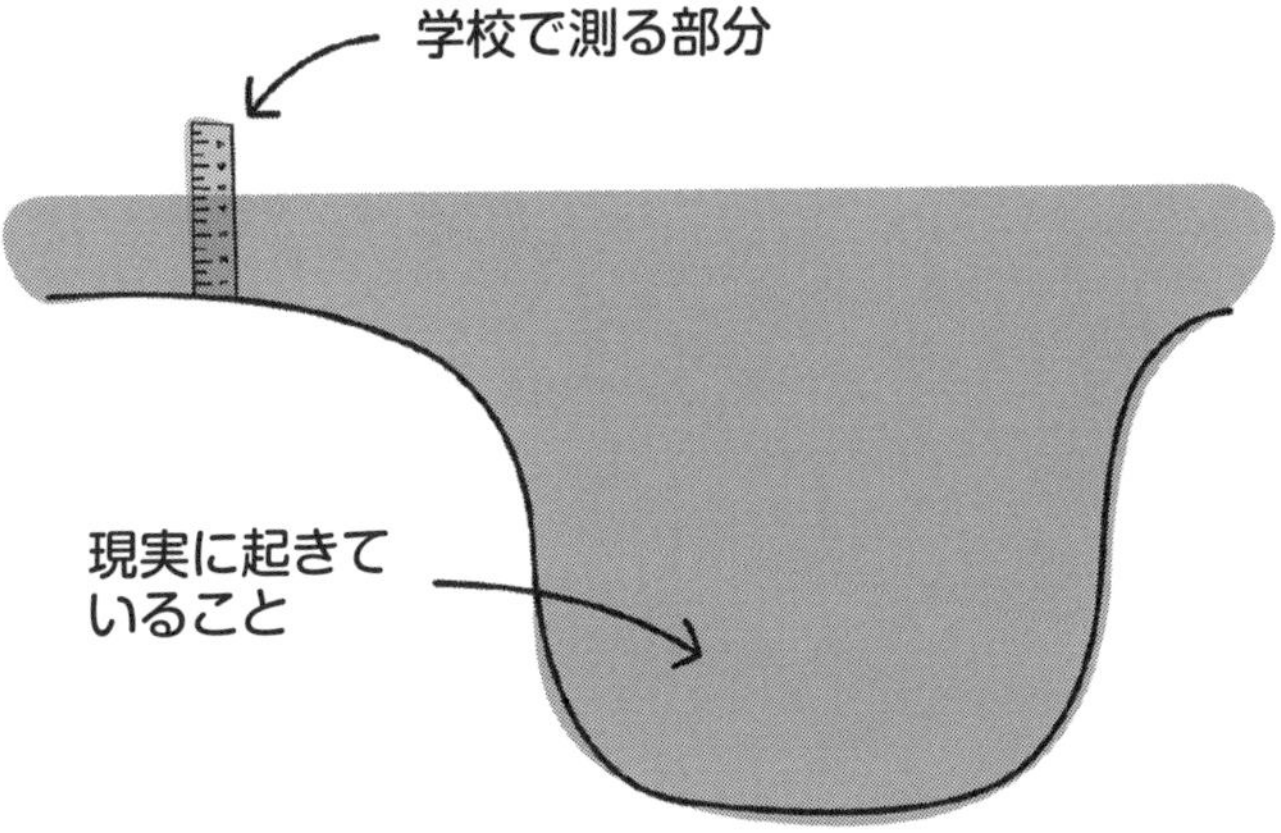

高得点は、ある程度は、学問的な才能を知る手掛かりにはなるが、大方は、生徒の受験能力を評価しているにすぎない。どう見ても、この受験スキルだけで、大人になってからうまくやっていけるわけがない！　しかも、平凡な点数だからといって、生徒が成功できないわけでもない。

女優のスカーレット・ヨハンソン、ビル・クリントン元大統領、野球選手のアレックス・ロドリゲスなどは、SAT〈アメリカの大学受験のための統一試験〉の点数が悪かったにもかかわらず、輝かしいキャリアを築いている。なぜだろう？　実社会では、テストが得意な人ではなく、学び方、問題の解き方、実行するやり方を知っている人が報われるからだ。

第四に、テストは組織を腐敗させる

生徒、親、教師、学校、学区、さらには州までもが、テスト結果を改竄《かいざん》してきた。さらに悪いことに、平均点を上げるために、ダメな生徒を強制的に追い出す学校すら出てくる。標準テストを崇拝することで、すべての関係者に悪い動機を生み出してしまうのだ(6)。

要するに、テストを目標におくと、悪い動機が生まれてしまうのだ。

標準化されたテストを目標に設定してしまうと、教育が誤った方向へ進む。しかし、解決策は評価を禁止することではない。私たちは、標準テストの悪影響を回避しつつ、学校に責任を持たせた上で生徒の進捗状況を追跡する方法が必要なのだ。

●より良い前進のために

その解決策が、賭け金を下げて、選択肢を広げることだとしたらどうだろう?

賭け金を下げるとは、つまり標準テストの重要度のハードルを下げるということだ。

子供たちは、物事を探究し、創造し、いじくりまわしている時、つまり評価を気にせずにリラックスしている時にこそ、本物の学びを経験する。標準テストの賭け金が高すぎる、つまり失敗した時のリスクが大きすぎると、こうした本物の学びを妨げてしまう。そろそろ、テストの優先順位を下げることを検討する時なのかもしれない。

選択肢を広げるというのは、進捗状況を測る方法を広げるということだ。ある校長は次のように述べている。

「テストを受ける生徒の中には、数学を理解する必要がない芸術家もいれば、歴史や英文学に興味がない起業家もいるし、化学の成績などどうでもいい音楽家もいるのだ」(7)

そうした子供たちに、自分の技術や知識を示す他の手段があればどうだろう？　標準テストの結果は、こうした子供たちの真の可能性をほとんど表していない。

例えば、自宅で子供を教育する親などのホームスクーラーは、地元の教育委員会にポートフォリオを提出する。ポートフォリオには、アート、短編小説、ビジネスプランなどが含まれている場合もある。すべての子供たちに、自分の知っていることを披露する機会があればどうだろう？

究極的には、査定評価は、子供たちが向上できるように、フィードバックすることを目指すべきだ。つまり、個々の才能や目標に合った評価方法が必要なのだ。テストとポートフォリオを組み合わせることは、有望な解決策かもしれない。

生徒の上達を複数の方法で評価する価値は、子供たちに何かをさせようとする必要がない点にある。学んだことを、自分に合ったスタイルで示す力を与えるだけで、子供たちの十分な動機づけとなる。

標準テストしか評価基準がないと、話は変わってくる。子供たちは、失敗するように仕組まれているように感じ、学習の全体像を見失う。そして、テストに合格するために、暗記することだけに集中してしまう。

このように、関係者全員にとってよくないインセンティブが渦巻く中、教師は問題の多い、外からのご褒美という手段に訴えるようになる。

私は生徒たちとともに、この誘惑と戦い、その結果は驚くべきものとなった。

●私の教室でのご褒美

私が教師だった頃、毎年立てた目標のひとつが、子供たちが自発的に成立させるクラスを作り上げることだった。子供たちには、私がまわりをウロウロしているから参加して勉強するのではなく、自主性を持ってほしかったのだ。

同僚たちは、私のやり方を理解できなかった。彼らは本に書いてある、あらゆる教室運営方法を駆使していた。良い行いをした生徒への賞品でいっぱいの宝箱。お菓子と交換できる「よくできました!」クーポン。貯めると、休み時間を延長してもらえる星型のシール。

でも、どういうわけか、何を試してもうまくいかないようだった。教師がいなくなった途端、教室はカオス状態に陥ってしまうのだ。

私はご褒美に「ノー」を突きつけた。私の教室では宝箱もクーポンもシールも、いっさい置いていなかった。それでも、子供たちは毎日何時間も、自分のお気に入りの教科に没頭していた。

ご褒美が、長期的には積極性に悪影響を及ぼすことに私は気づいた。

ご褒美のような、外からの動機づけは、子供たちが短期的な学力基準や行動目標を達成するのには役立つかもしれないが、自己管理ができる生涯学習者を育てるという、究極の目標からは注意をそらしてしまう。

外からの動機づけの問題点

外からの動機づけは、ほとんどの教室や家庭で行われている。子供たちが言うことを聞けば、ご褒美を与え、聞かなければ、特典を取り上げる。

外からの動機づけの背後にある論理は直感的だ。報酬や罰を受ける行動は、繰り返される可能性が高い。たいていの場合、外からの動機づけは効果的であり、しかも即効性がある。報酬を約束された子供は、すぐに行動を変えたり、取り組むことを決めたりすることが多い。

正しいことをしたらご褒美を期待する習慣を植え付けて、自主的な学習者を育てることなどできるだろうか?

しかし、このアプローチにはいくつか問題がある。

第一に、ご褒美は永遠に機能するわけではない

約束して、与えることができるご褒美には限界がある。しばらくすると、ご褒美の繰り返しに飽きてくる。報酬による短期的な恩恵が消えてしまうと、子供のやる気は薄れていく。

第二に、何かをさせるためにご褒美を約束するとき、私たちは子供たちに何を教えているのだろうか?

学びのプロセスを楽しむのではなく、何が得られるかを気にするべきだと教えているのだ。子供たちが何かをするのは、ご褒美のため、あるいは罰を回避するためであって、学ぶこと自体のためではない。

正しいことをしたらご褒美を期待するという習慣を子供たちに植え付けて、自主的な学習者を育てることなどできるだろうか?

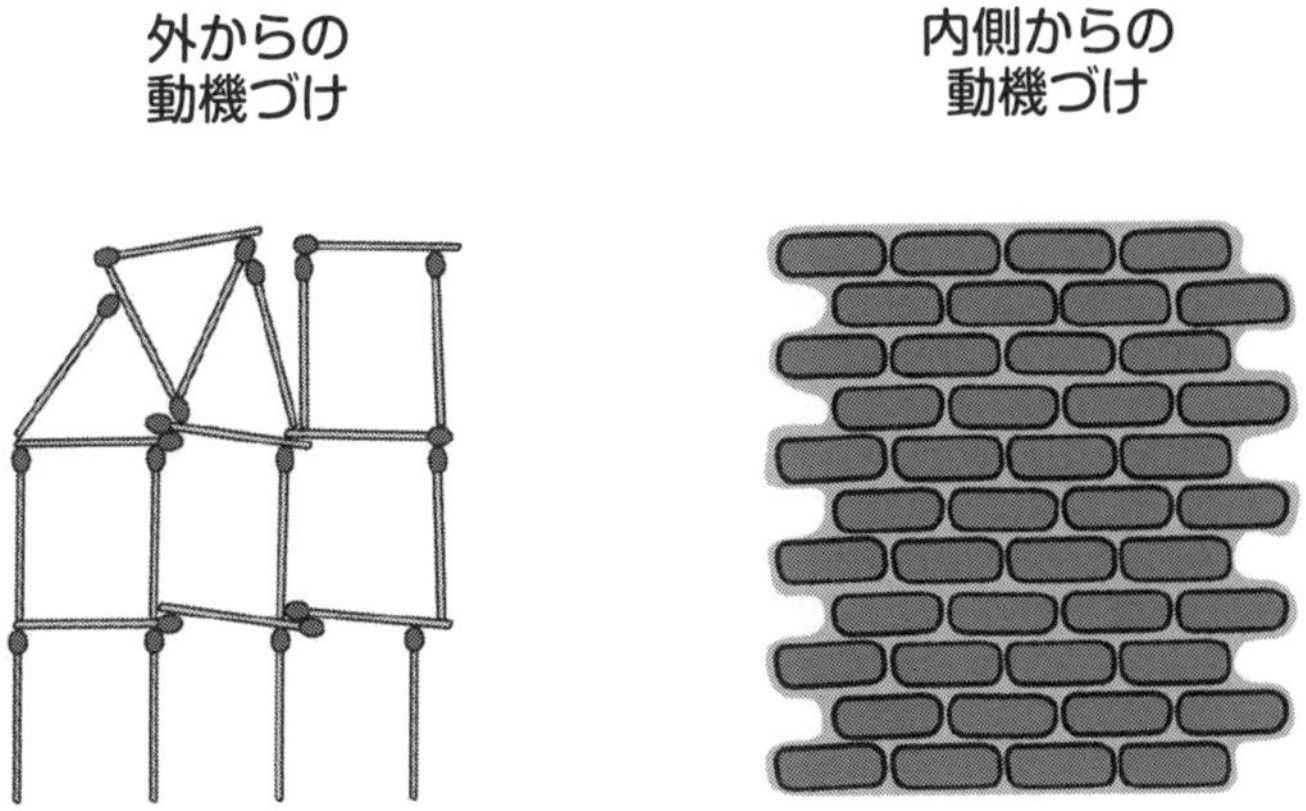

鍵は内側からの動機づけにある。

内側からの動機づけで子供たちを解き放つ方法

私たちは皆、内側から動機づけられた時、一番うまく学ぶことができる。

『モチベーション3・0』などの著者、ダニエル・ピンクが言うように、

「高い成果を上げる秘訣は、報酬や罰ではなく、目に見えない内発的な原動力、つまり、自分自身のためにに物事を行いたいというやる気。自分にとって重要なことだからやる、という原動力なのだ」(8)

大人に当てはまることは、子供にも当てはまる。子供は、好奇心や内なる探究心に突き動かされて何かをすることで、学ぶことが好きになる。自分がしていることや、学んでいることの価値を理解してい

る子供は、外からの報酬を気にしなくなる。

私が生徒のやる気を引き出すためにした5つのことを紹介しよう。

まず、子供たちに選択肢を与えて責任を持たせる

子供たちに選択肢と責任を与えると、ワクワク感、責任感、目的意識が芽生える。

私は生徒たちに、何をどのように学ぶのかという選択肢を与えた。

どんなに単純な選択でもいい。例えば、どの本を読むか、誰と一緒に作業をするか、どこに座るかといった選択でさえ、子供たちは自分に権限が与えられていると感じるものなのだ。また、選択肢を与えられた子供は、学校以外でも時間を見つけて、自分で学習を続ける傾向があることもわかった。自主的な学習者にとって非常に大切な特性だ。

私は、生徒が責任を感じられるよう、教室での具体的な仕事を与えた。仕事は、生徒の性格や傾向に合わせて割り振った。例えば、活発すぎる（多動傾向がある）生徒には教室での雑務を頼んだ。悪さをしがちな生徒には、教師のアシスタントをさせた。

まるで魔法みたいに上手くいった！　多動な生徒たちは、一日中エネルギーを発散することができた。「問題児」たちは、教室で一番重要な仕事を任されることで、自分は特別な存在だと感じ、積極的に模範を示そうと努めた。彼らは見事に期待に応えてくれた。

子供たちは、

好奇心や内なる探究心に

突き動かされて

何かをすると、

学ぶことが好きになる。

どの生徒も、自分の仕事をやり遂げることが、クラスメートや先生の役に立つことをわかっていた。全員が貢献すると、教室が一番上手くいくことを理解していたからこそ、自分の責任を真剣に受け止めたのだ。

二つ目は、子供たちを意思決定に参加させる

自分が主導権を握っていると認識した子供は、学習に取り組む可能性が高くなる。私と生徒たちは、教室で求められる、人との付き合い方や行動について話し合い、生徒たちが理解して受け入れられるような、論理的な結論を導き出し、ルールを決めた。

全員で決めたため、誰もが納得できるものとなった。例えば、「壊したら直す」というルールは、教室の備品にも、他人の感情にも適用された。生徒は、自分たちが起こした問題や混乱を解決する責任があった。問題に対して発言力と影響力をもっていることで、生徒たちは、問題と真剣に向き合う傾向が強くなった。

作家のポリーナ・ポンプリアーノが指摘するように、親は家族会議を開いて、子供たちを意思決定に参加させればいい。彼女はこう書いている。

「家庭内でのルール作りに苦労していませんか？　トップダウンのアプローチではなく、ボトム

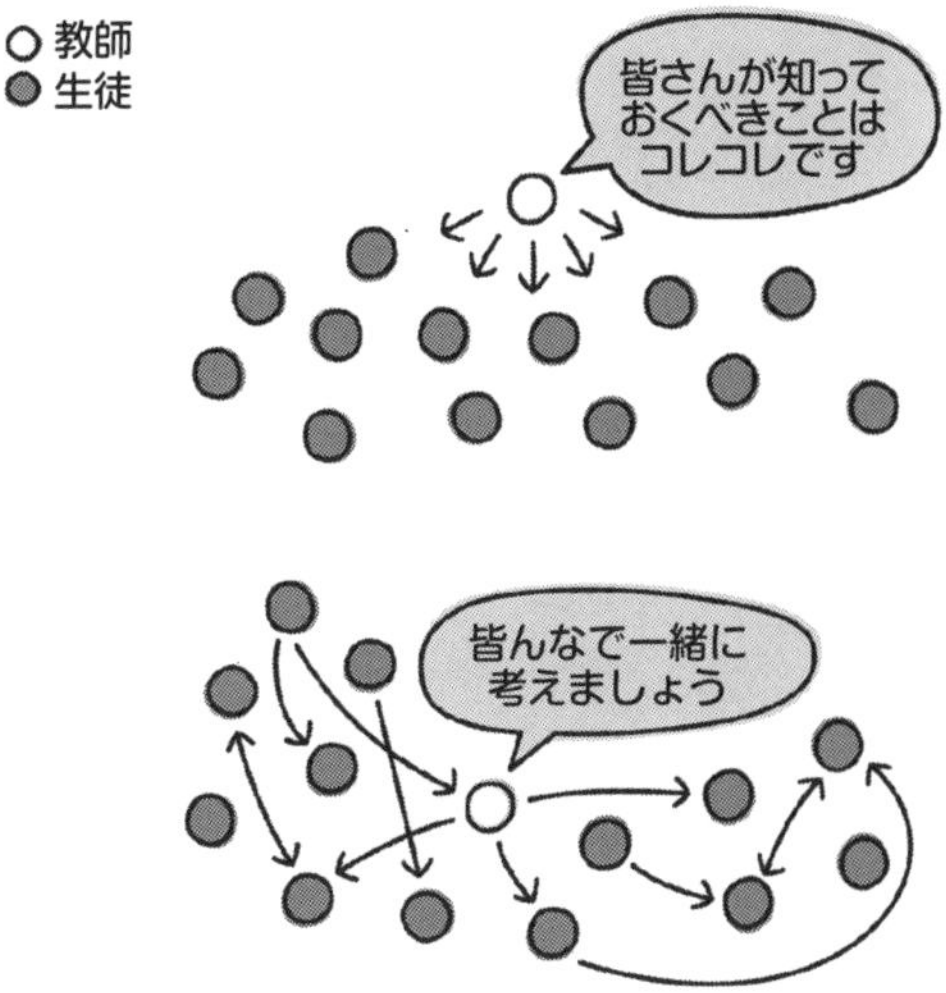

アップのアプローチを試してみましょう。例えば、子供がスクリーン（画面）の前で過ごす時間を制限したいのであれば、家族会議を招集し、公平なルールを考えてほしいと伝えます。子供たちがルール作りのプロセスに参加できるようにするのです」[9]

子供たちを意思決定に加わらせると、子供たちは私たちが何かを判断するに至った理由を理解し始め、協力してくれやすくなる。

自分がしていることや、学んでいることの価値を理解している子供は、外からの報酬を気にしなくなる。

三つ目は、フィードバックや質問を具体的にする

大人と同じように、子供も、自分の成果を認められたがっており、自分の状況を知ることで恩恵を受ける。具体的なフィードバックを与えることで、子供たちの前向きな努力を認め、長所を伸ばすよう促すことができる。

励ましの言葉をかけるときは、子供たちが自分の良いところを正確に理解できるよう、具体的に伝える必要がある。「がんばったね！」だけではダメだ。何を〝がんばった〟のかがわからない。

同じように、「よくできました！」とか「素晴らしい！」といった、ありきたりな褒め言葉を使うのも控えよう。代わりに、そのプロセスについて質問してみるのだ。何をしたかを褒めるのではなく、どのようにしたかに興味を示すのだ。いくつか例を挙げよう。

■「どうしてあれを作ろうと思ったの？　自分で気に入ってるのはどの部分？　もっと詳しく教えてくれる？」

■「作っていた塔が倒れちゃったけれど、イライラすることなく、深呼吸をして、また塔を作り始めたね。見ていて、本当にかっこよかったよ」

■「すごい！　ゴールを決めたんだね！　どんな気分だった？　あなたのサッカーに対する熱意は、みんなにも広まってるよ」

経験から言って、能力ではなく努力を、達成よりも正しい行いを認めること。結果ではなく、学習プロセスを評価すること。タスクの完了よりも、好奇心、忍耐力、成長といったマインドセット（意識づけ）を評価すること。

子供と話すとき、的確な質問をすることも同じくらい重要だ。「今日、学校はどうだった？」みたいな、大雑把な質問をすると、「上々だったよ」とか「まあまあだね」といった、大雑把な答えが返ってくる可能性が高い。

そうではなく、「今日、一番良かったことと、一番悪かったことはなに？」のような、もっと具体的な質問をしてみるとよい。（ちなみに、これは配偶者との会話でも効果的だ！）

四つ目は、「なぜ」という会話を頻繁にする

子供たちは、自分がしていることや、学んでいることの意味や関連性を知りたがる。当然のことだ！

作家のマルコム・グラッドウェルが書いているように、「一所懸命頑張れ、と言うことは、それに何の意味もなければ、懲役刑を受けるようなものだ」。子供たちは、私たちが彼らに何かをするように勧める理由を理解することで、一連の行為を楽しみ、没頭することができる。

私は生徒の好みに合った方法で授業を組み立て、それぞれの主題がなぜ重要なのか、その背景

を説明した。

子供たちは、意味のある会話をすると満足感を覚えることに、私は気づいた。彼らは好奇心を養うことが大好きだから、大人の決断について知ることも大好きなのだ。

特定の課題や行動の重要性について、私と生徒が交わした会話は、彼らの学びに意味をもたらし、もっと取り組みたいと思わせるようになった。


子供たちは意味のある会話をすると満足感を覚えるし、大人の決断について学ぶことも大好きだ。

五つ目は、楽しむことを優先させる

楽しんでいる子供は、そうでない子供よりも、多くのことを学び、行儀よく振る舞う。同様に、子供たちは自分がしていることを楽しんでいると、さらにそれを続けようとする。

私のクラスでは、楽しむことが最優先だった。私は、子供の頃、自分をワクワクさせ、自分の価値を実感させ、没頭させてくれたものは何だったか、じっくりと考え、それを再現しようとした。

私は、子供たちが、胸を躍らせながら教室に参加できるようにした。自分の仕事は、子供たちに掛け算や引き算を教えることではなく、学ぶことへの愛情を植え付けることこそ、私の使命だと感じだ。

ユーモアを取り入れたり、楽しい活動をさせることで、何をするにも楽しくなるように努力した。私のクラスには、唯一無二の魅力的な特徴があったが、どれも、生徒の成績や積極的な行動に結びつくものではなかった。これによって、学ぶことと楽しむことは両立できる、つまり、学ぶことと楽しむことは、両立させるべきだというメッセージを送った。

■子供たちに学ぶことへの愛情を植え付けることは、私たちが与えることのできる、最も価値のある贈り物である。

子供のやる気を、内側から引き出すのは難しいが、時間と労力をかける価値はある。結局のところ、子供たちに学ぶことへの愛情を植え付けることは、私たちが子供たちに与えることのできる、最も価値がある贈り物なのである。

残念ながら、教育システムは、この信念を共有していない。学校教育は、学ぶ喜びで子供たちを魅了するようには設計されていないのだ。外からの動機づけや短期的な報酬に頼っているため、〝従順さ〟という、望ましくない結果をもたらす。

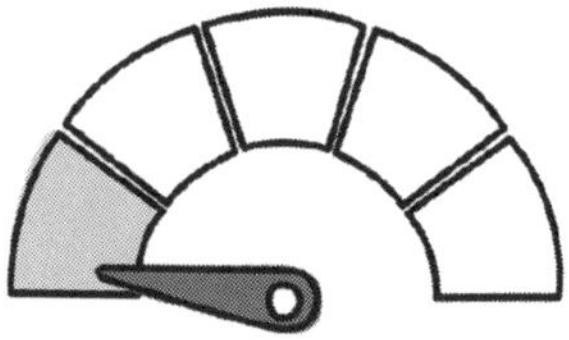

何かをするように
強いられたときの
モチベーション

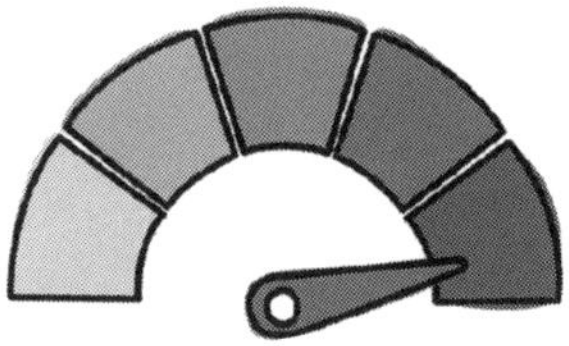

自分で何をするかを
選んだときの
モチベーション

学校は、創造性や好奇心や問題解決ではなく、教室内がよく管理されているかどうかに焦点を当てている。その結果、成功とはどのようなものかという考えを子供たちに与えてしまい、意欲的な生涯学習者としての彼らの自然な成長と矛盾してしまう。

子供たちに、実社会で真の成功を収めさせるために、私たちが教えるべきなのは、次の章の5つの教訓だ。

4 捨て去るべき学校での教訓

作家のアルビン・トフラーはかつて、「21世紀の無教育な者は、読み書きのできない者ではなく、学び、それを捨て去り、学び直すことのできない者である(1)」と書いている。

アンラーニング(学習棄却：学び直し)とは、何かについて、私たちが信じ込んでしまっていることを認識し、実際にはその逆が真実かもしれないと気づくスキルのことだ。アンラーニングは、特に学校で教えられていることに対して重要だ。これまで説明してきたように、私たちの教育システムは、必ずしも、子供たちのことを第一に考えて設計されてはいない。

この章では、学校で教えられる教訓のなかで、子供たちが信じないほうがよいものを取り上げる。教師は善意でこれらの教訓を教えているのだが、どう考えても真実とはほど遠い教訓だ。これから見ていくように、完全に間違っていることさえある。子供たちは、学校で教えられるこうした教訓と反対のことをするべきだ。

●捨て去るべき5つの教訓

まず、子供たちが間違いを恐れることを捨て去らせる必要がある

学校ではミスをすると減点される。現実の世界では、間違うことにこそ、最も学ぶべきことがあるのにだ。

学校での成功は、テストで高得点を取ることでもたらされる。テストでミスをすれば、高得点は得られない。学校では、間違えると罰せられ、眉をしかめられ、失敗と見なされる。その結果、子供たちは間違うことを恐れるようになる。

これには2つの大きな問題がある。第一に、間違いを恐れること自体が、間違っているのだ。考えてみてほしい。成長するということは、多くの間違いを犯すということだ。そうやって人は学び、向上していく。そうやって、何がうまくいき、何がうまくいかないかを理解していくのだ。実社会で誰よりも成功している人は、間違いを犯すこと（そして、それに対処すること）を気にしない。そして、失敗は、子供たちに避けるように教えるべきではない（17章で議論する）。むしろ、使いこなせるようにさせなければいけない能力なのだ。

捨て去ること：間違いを恐れること。

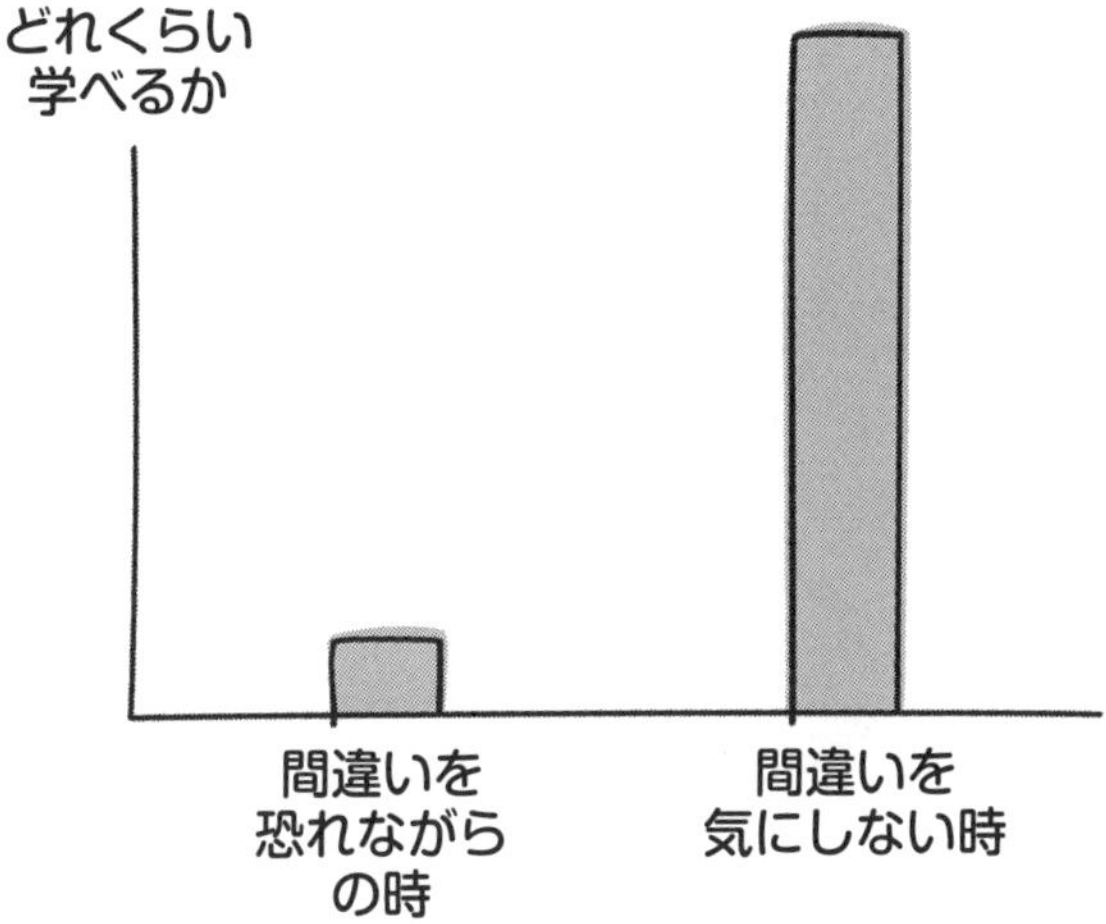

学び直すこと：間違いを気にせずに、そこから学ぶこと。

二つ目に、子供たちは周囲に合わせることを捨て去る必要がある

学校では、型にはまったことをすることで報われる。しかし、実際の社会では、既成概念にとらわれずに考えることで報われるものだ。

学校は画一的なやり方で、子供たちを枠にはめようとする。みんなが同じことを、同じ方法で、同じ時間とペースで学ぶ。子供たちは、他人のルールに従って進んでいくことで報われる。他人と自分を比較し、他人と違う自分ではなく、より良い自分を目指すよう教えられる。順応することを学び、周囲に溶け込むことを学ぶ。

しかし、現実の世界では、独自に考えて行動する

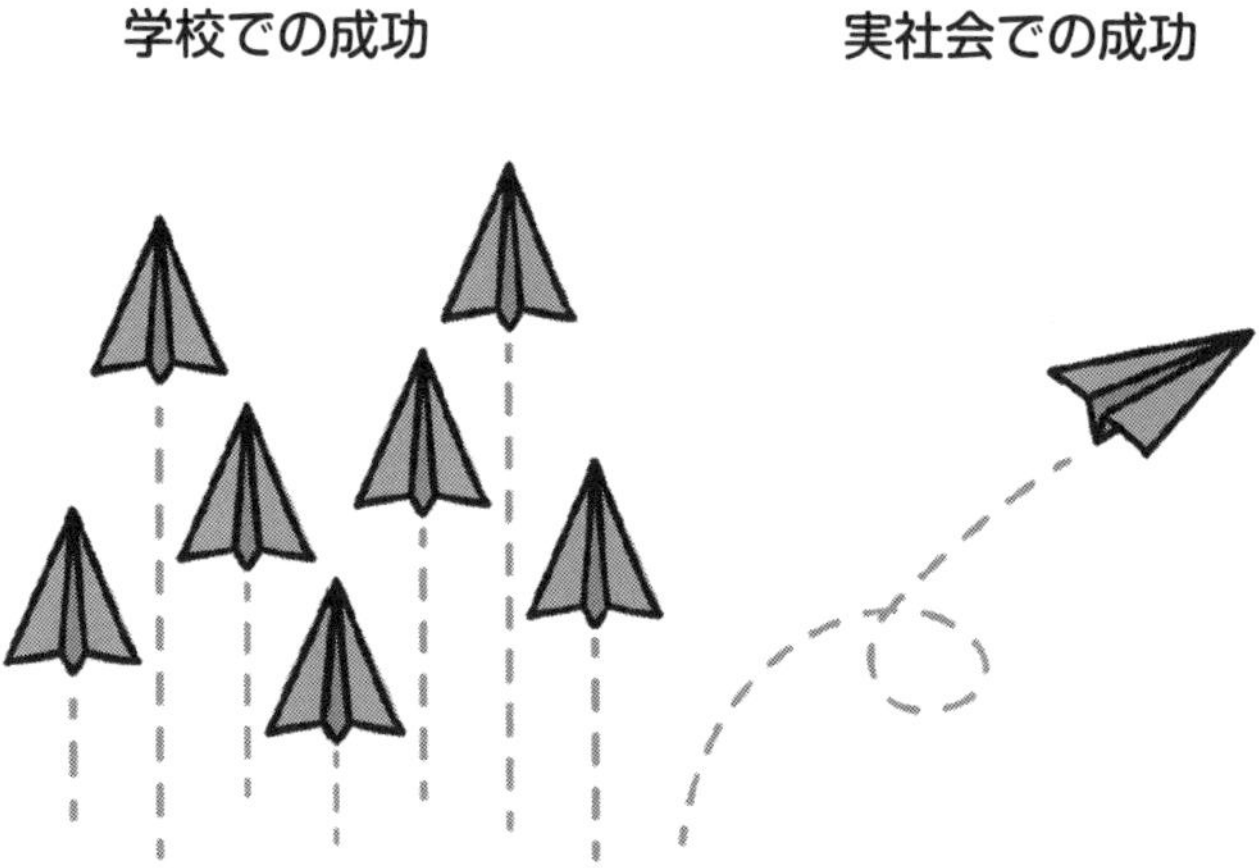

人、つまり、既成概念にとらわれずに考え、普通から突出した人が報われるのだ。実社会で成功する人は、自分で自分の道を切り開いていく。一般的な知識や経験を幅広く身につける過程で、独自の才能や特定の知識を見出す機会を得る。この問題については、16章で深く掘り下げていく。

捨て去るべきこと：周りに合わせようと努力すること。

学び直すこと：群れから抜け出し、自分が他と違うものを見つけ、伝説になるようなものを生み出す。

三つ目に、指示を待つことを捨てる必要がある

学校では指示を待ち、言われた通りにしなければならない。しかし、現実の世界では、自分で物事を解決しなければならない。

失敗は、
子供たちに避けるように
教えるべきものではない。
むしろ、失敗を
使いこなせるように
すべきなのだ。

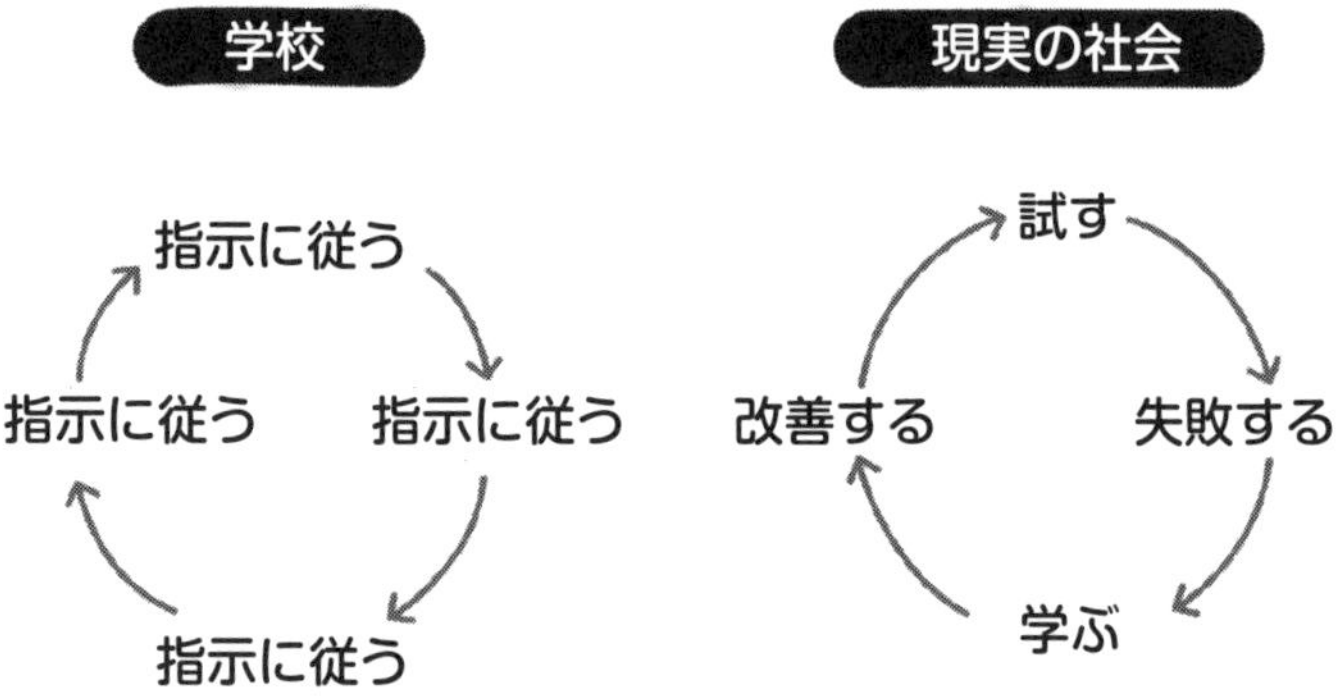

学校では、教師が何をどのように学ぶべきかを教えてくれるまで、待たなければならない。勝手に先へ進まず、じっとしていることを学ぶ。何をすべきかを、誰かが指示してくれることを当てにするようになる。

指示待ちは、実社会では通用しない。雇用主は、常に指示しなければならない人間を雇いたがらない。

実社会で成功するには、いろいろなアイディアを試しながら、物事を解決していく必要がある。世の中は積極的で自立した人、つまり問題解決能力があり、主体性をもって物事を解決する人が報われる。つまり、混乱に苛立ちを覚えるのではなく、好奇心をもって対応できるタイプの人たちだ（10章で述べる）。

捨て去るべきこと：指示を待つこと。
学び直すこと：「試す→失敗する→学ぶ→改善する→物事が解決する」まで繰り返すこと。

四つ目に、子供たちは〝万が一のための〟勉強をやめる必要がある

学校では、後で必要になった場合に備えて物事を学ぶ。実社会では、必要が生じた時に、必要なことを学ぶ。

学校では、決まったカリキュラムの中で、後で役に立つことを願って、ありとあらゆることを教えてくれる。割り算の筆算を習うのは、「万が一」手元にスマホがない場合のためだし、（元素）周期表を暗記するのは、「万が一」暗唱する必要が出てきた場合のためだ（そんなバカな！）。三角形の比を学ぶのも、「万が一」役に立つかもしれないからだ(2)。

世の中は問題解決能力があり、主体性をもって物事を解決する人が報われる。

実社会では、成功するのは独習する方法を身につけた人たちだ。彼らはどんな問題に直面しても良い準備ができている。それは、必要になるかもしれないからと、すべての答えを記憶しているからではなく、必要なときに答えを見つける方法を知っているからだ。

彼らが実際に記憶に頼るのは、Google検索ですぐにわかるような雑学的知識ではなく、有意義で、本当に重要なことだけに重点をおく。それは、彼らが必要に応じて学ぶことに長《た》けているからだ（8章で詳しく取り上げる）。

捨て去るべきこと：〝万が一〟のために学ぶこと。

学び直すこと：〝必要に応じて〟学ぶこと。

五つ目に、子供たちに、権威に疑問を抱くことへの恐れを捨て去らせる必要がある

学校では、むしろ、権威に疑問を持たないように教えられる。しかし、現実の世界では、あらゆることに疑問を持つべきなのだ。

子供たちは学校で、先生に楯突いてはいけないと習う。疑問を抱いたり、異なる意見を持ったりすると、「面倒な生徒」というレッテルを貼られてしまう。生徒たちは、「先生がそう言ったから」とか、「ここではそういうやり方だから」といった返事を受け入れることに慣れてしまう。

疑問を持たなければ、現状に囚われたままだ。物事に疑問を抱く時、私たちは革新を起こす。

現実の世界では、物事を疑ってみることが、意見を発展させて、独自のアイディアを思いつくのに役立つ。疑問を持たなければ、現状に囚われたままだ。物事に疑問を持つ時、私たちは革新を起こす。

強制されたプロジェクトではなく、自分自身のプロジェクトに取り組む時、私たちは卓越した能力を発揮する。

次の章では、この考えをさらに掘り下げ、当事者意識が、いかに私たちに責任を感じさせ、自分独自のアイディアを追求する力を与えてくれるかに焦点を当てよう。

捨て去るべきこと：「質問しすぎてはいけない」という呪文。
学び直すこと：すべてに疑問を持って大丈夫、ということ。

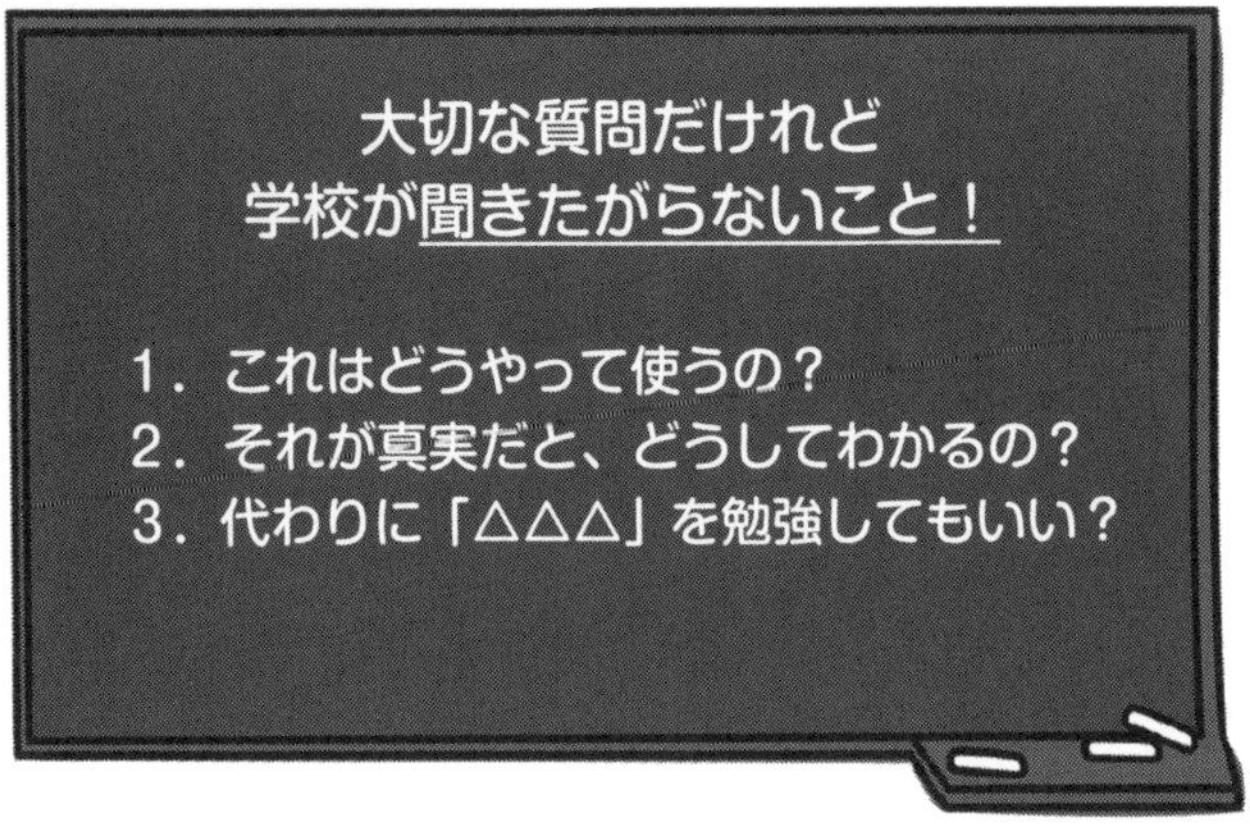

私たちは、子供たちに、学校で教えられる役に立たない教訓を忘れさせることで、大きな変化をもたらすことができる。残念なことに、こうした教訓は教育システムの骨の髄にまで染み込んでいる。ほぼすべての教室で、この原則が貫かれているのだ。

その結果、子供たちはリスクを冒すこと、目立つこと、自分で問題を解決すること、何かを学ぶ方法、難しい質問をすることを学ばない。

その代わりに子供たちが学ぶのは、学校というゲームだ。

5 学校というゲーム

人間はもともと、学ぶようにできている。私たちは、自発的な遊び、探究、試行錯誤を通して学ぶ。自分の興味を深く掘り下げ、物を作り、自分の行動の影響や結果を振り返ることで学ぶ。これらは本能だ。自然に備わっているものなのだ。

問題は、正規の学校が、人間の通常の学習方法と一致していないことだ。

この章では、学校がどのようにして、自然な文脈から学びを取り出し、それを制度的な枠組みに組み込んできたかを考える。また、学校というゲームから抜け出し、代わりに、学びのゲームをすることの大切さについても取り上げる。

●子供たちはすぐに学校のゲームが上手くなる

あなた自身の学校生活について考えてみよう。学校で学んだことのうち、何年か経っても、定着しているものはどれくらいあるだろうか？　ほとんどないと思う。なぜなら、正規の学校教育で行われている学習は、大半が本当の学習の模倣にすぎないからだ。

大人は、子供が学習の真似事をしていても、なかなか気づかない。子供は学んでいるふりをするのが上手だからだ。子供は賢く、順応性があり、物事を素早く理解する。真面目に人の話を良く聞くふりをすれば、欠陥のあるシステムを乗り切れることに気づいている。彼らは学校というゲームをすることを学んだのだ。

人間はもともと、学ぶようにできている。

学校というゲームは簡単にマスターできる。子供たちは、すぐに、どんな生徒が成功したとみなされるかを理解する。なんとか授業に集中しているように見せようと、数分ごとに手を挙げ、期日通りに宿題を提出する。学校をさっさと切り上げて、自分にとって本当に重要なことするために、できるだけ楽をしてテストに合格しようとする。

彼らを責めることができるだろうか？

私たちが作り上げた学校の枠組みの中で、子供たちに、成績よりも真の学びを大切にしようという気にさせるものは、何だろうか？

実際には、生徒たちは、ある問題が完全に理解できていなくても、わかっているふりをして、すべての〝できました欄〟にチェック印を入れるように促されている。遅れをとった生徒は、学習量が一番少ない生徒なのではない。授業のペースについていけなかった生徒なのだ。結果的に、平均的な生徒は、学校を卒業する方法は見つけ出せても、人生で成功するために必要な知識やスキルを身につける方法には至らない。

子供たちには、学校というゲームではなく、自分の強みを生かして、人生での競争力を高めるような、別のゲームをマスターする手助けをしなければならない。

●大切なのは学びのゲーム

すべての生徒が学校というゲームにハマるわけではない。有害なパターンに気づき、認識し、同調圧力に抗う生徒もいる。

彼らは学校というゲームに参加せずに、「学びのゲーム」という、本当に大切なゲームをする。そうした子供たちは、反逆者のように見える。課題に疑問を持ったり、プロジェクトのルールを拡大解釈したり、一つないし少数の限られた教科に集中したりすることもある。常にトップの成績を収められるとは限らないが、彼らは、そんなことは気にしていない。高い成績（GPA）

子供たちが、
自分の強みを生かして、
人生での競争力を高めるような、
別のゲームをマスターする
手助けをしなければならない。

を取るために、学校ごっこをしているわけではないからだ。彼らは、その努力にもっと効果的かつ永続的に報いてくれる、〝学ぶこと〟に従事しているのだ。

本当に大切なのは、学びのゲームだ。

こうした子供たちが人生で成功するのは、より知識を深めたからだけでなく、人生を最大限に活用する術《すべ》を見出したからでもある。彼らは典型的なルールには縛られない。他の皆みたいに、演じることを競うゲームには参加せず、より高いレベルで考え、充実感を覚えることに取り組むことで、自分のやりたいゲームをする。この子たちは、自分にしか発揮できない力を理解しているため、世界に貢献する態勢が整っている。

このような子供たちを見下すべきではない。むしろ、彼らを励まし、彼らを見習うべきなのだ！　人生で何をするにしても、ありきたりな型から抜け出し、形勢を自分に有利になるようにすることができれば、もっとうまくいくはずだ。それが成功への鍵なのだ。

しかし、どうやって学びのゲームを編み出せば良いのだろう？　常識をひっくり返して、異なる角度から問題にアプローチするスキルを、どうやって私たち自身が身につけ、子供たちに教えればいいのだろう？

このような疑問の答えを見つけるためには、一歩下がってみる必要がある。教育がどのように機能しているかに関する、私たちの思い込みを再検討しなければならない。学校での学びだけでなく、知識や技能を身につけるプロセス全体について、長年培われてきた信念を考え直さなければならない。

要するに、子供たちが〝どうやって学ぶか〟に目を向ける必要があるのだ。

PART 2

子供たちはどうやって学ぶか

6 学ぶことを愛することを学ぶ

子供たちにギターを片付けろとか、ヴィンテージファッションに夢中になっていないで、「本当にやるべき仕事」（つまり学校の勉強）に戻れと言うとき、私たちは、学びと喜びは別々のものだと教えていることになる。

勉強と遊びは分けて考えるのが一般的だ。個人的なプロジェクトは、遊びのように見えることが多いが、私たちは遊びと学習は重複すべきではないと考えがちだ。大人にも同じことが言える。趣味は一日の仕事を終えてから楽しむものなのだ。

しかし、趣味を脇役にしておくと、自分ならではのプロジェクトに没頭して学ぶという、重要な機会を逃してしまう。

この章では、個人的なプロジェクトが、どのようにして子供たちの真の学びを引き出すかを説明する。また、自分の作業に主体性を持つことが、物事をさまざまな角度から見て、新たな可能性を発見するのに役立つことについても取り上げる。

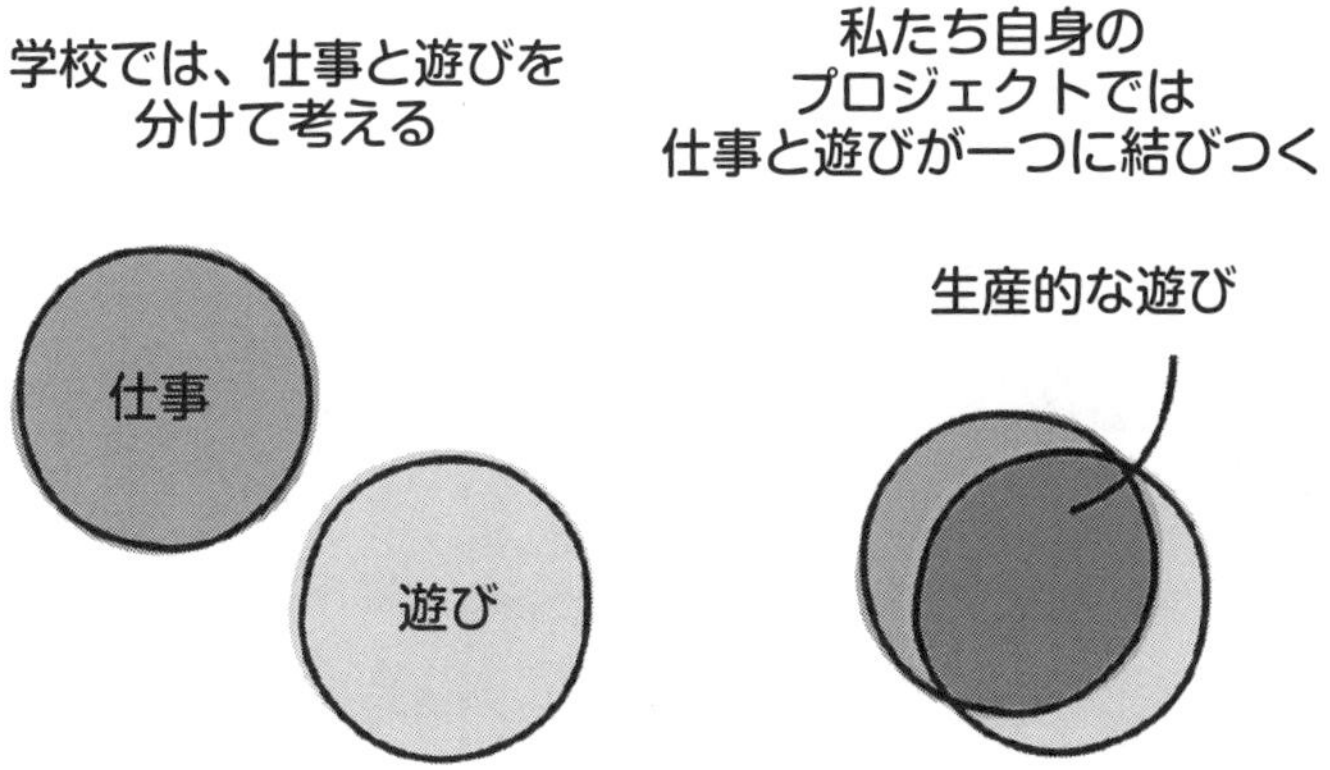
学校では、仕事と遊びを
分けて考える
仕事
遊び
私たち自身の
プロジェクトでは
仕事と遊びが一つに結びつく
生産的な遊び

●自分ならではのプロジェクト

私たちは、自らのプロジェクトに取り組んでいるときが、一番自分らしく感じられる。このようなプロジェクトは、絶えず満足感を与えてくれるわけではないが（作家だって文章に頭を悩ませるものだ）、私たちが最も制約を感じずに、夢中になれる場だ。

同じことが子供にも当てはまる。子供たちは自分のプロジェクトに取り組むとき、目の前の課題以外のことは脇に置く。考え、学び、実行することに集中する。それは大変な作業だが、子供たちが自ら選んだ困難なのだ。

天才プログラマーでベンチャーとしても大成功を収めたポール・グレアムによるツリーハウス（樹上の家）作りの話を例に挙げよう(1)。

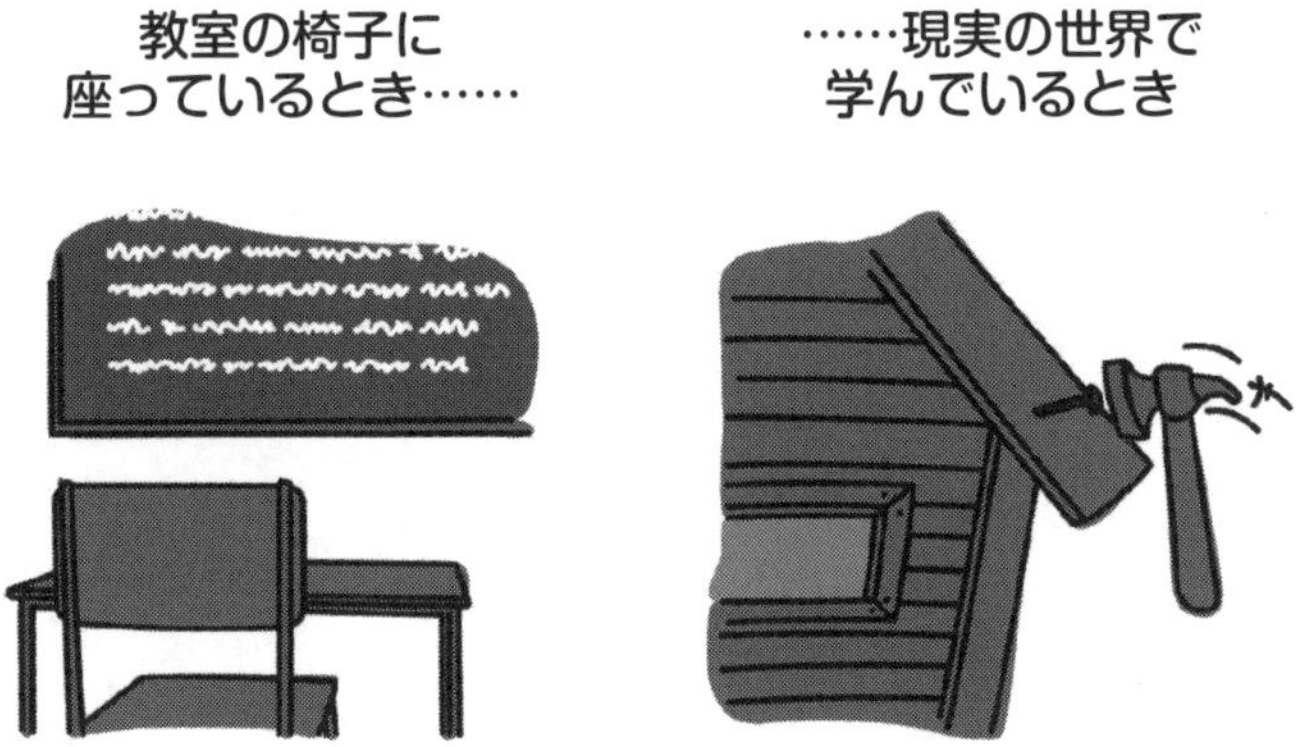
教室の椅子に
座っているとき……
……現実の世界で
学んでいるとき

一見すると、このプロジェクトは、ただの遊びにしか見えないかもしれない。しかし、ツリーハウスを作ることで、子供たちは数学、エンジニアリング、チームワークなど、あらゆることを学ぶ。考え、計画を立て、問題を解決する。なにより重要なのは、子供たちが、自分自身で学習を管理して実行することができるため、とても熱心に体験を積み上げていくようになることだ。

言い換えれば、自分ならではのプロジェクトは、本物の学びのための完璧な状況を生み出すのだ。

しかし学校では、いまだに、自主的なプロジェクトを実際の勉強とは別物として扱っている。主要な課題は〝教科課程（カリキュラム）〟に、そして、楽しい課題は〝課外授業（カリキュラム外）〟に分類している。学校の勉強の先に成功への道がある、と子供たちに信じ込ませ、自主的なプロジェクトに取り組むことで本当の役に立つ学びを身につけさせることを重視していない。

ポール・グレアムは、こう書いている。

「高校生たちが、ツリーハウス作りに背を向けて、試験で及第点を取るために、大人しく教室に座ってダーウィンやニュートンのことを教わっている姿を思うと、少し悲しくなる。ダーウィンやニュートンを有名にした仕事は、実際には試験勉強よりも、ツリーハウス作りに近い性質のものだったからだ」(2)

本当の学びとは、自分にとって重要なことに真剣に取り組むときに起こる。そのことを一番よくわかっているのは子供たちだ。だからこそ、新学期になると、子供たちは足を引きずるようにして学校へ行き、夏になると一目散に去っていく。

もし学校が、カリキュラムやノルマや宿題ではなく、生徒が選択できるプロジェクトを中心に回っていたら、どうなるだろう？　子供たちは、もっと熱心に取り組むのではないか？　そのことによって、学校や勉強をもっと好きになるのではないだろうか？

11歳の素晴らしい子供がいて、私は彼のポッドキャスト、「Kids Learn Careers（キッズのための職業案内）」からインタビューを受けた。このポッドキャストでは、毎週、異なる人物から、その人の仕事について話を聞くことで、現在の世の中におけるキャリアの選択肢について、子供たちが学ぶことができる。私は彼の情熱と、このプロジェクトに費やしてきた時間と労力に魅了された。彼の両親は、彼がこのポッドキャストを単なる課外活動ではなく、価値を生み出す機会として捉えられるようにサポートしてきた。

多くの有名な科学者、作家、芸術家、起業家は、学校の成績が優秀だったからではなく、学校の外で自分のプロジェクトに没頭できたからこそ、成功したのだ。

マーク・ザッカーバーグは大学を中退し、フェイスブックという学生ネットワークのプラットフォームに取り組んだ。イーロン・マスクはスタンフォード大学の博士課程を辞退し、最初の会社Zip2を設立した。ジェニ・ブリットン・バウアーは美術の学位取得をやめて、〝Jeni's Splendid Ice Cream〟というアイスクリーム・チェーンを立ち上げ、大成功を収めた。彼女の言葉を借りれば、「ただ歩いて出て行ったの。画材をすべてそこに置いて。アイスクリームを作らなくちゃって、自転車を漕いで家に戻った」(3)のだ。

ザッカーバーグもマスクもブリットン・バウアーも、例外的なケースに思えるかもしれない。そして、そう見えることこそが、人々が自分の一番関心があるプロジェクトと真剣に取り組む自由が、めったにない状況を物語っている。

本当の学びとは、自分にとって重要なことに真剣に取り組むときに起こる。そのことを一番よくわかっているのは子供たちだ。

子供たちが、当たり前に、自分のプロジェクトに取り組めるようにしよう。健全な何かに取りつかれた状態が湧き起こる環境を整えよう。好奇心を追求する子供たちに拍手を送ろう。

遊んでいるように見えても、学んでいることを実感させよう。なぜなら、子供たちは実際に学びながら、同時に、学ぶことを愛することも学んでいるのだから。

●学ぶことを愛することが革新に火をつける

幼い子供とイノベーター（革新者）は、どちらも重要な資質を備えている。他の誰もが当たり前だと思っていることを、チャンスに溢れた新たなものとして見るのだ。

例えば、科学者として成功するには、他の人が気づいていないことを発見する必要がある。会社を興して成功するには、他の人が見つけていない何かを目指す必要がある。

ポール・グレアムが言うように、正しいだけでは十分ではない。斬新でなければならないのだ(4)。

私たちは生まれながらにして、自主的に考える能力を備えているのに、学校は私たちからそれを取り除く訓練をする。独創性ではなく、正しさや社会的に認められることを目指すように教え込まれる。たとえ、それが役に立たず目新しくないものでも、みんなが賛成すれば、その意見は正しいとされるのだ。

子供たちは、自発的なプロジェクトに取り組むことで、問題に対する斬新なアプローチを培う機会を得られる。教師が何と言おうが、「一番効率が良い方法」がどうであろうが、自分のやり方で自由に物事を進めることができる。他の人からは馬鹿げて見えようと、自分にとって納得のいく戦略や戦術を追求する自由があるのだ。

私は気づいたのだが、子供たちが、自分のプロジェクトに取り組むことで、革新的なアイディアを育むことができるのは、「ビュジャデ（vuja de）」という瞬間を経験した時なのだ。「デジャヴ（déjà vu）」は、新しいものに遭遇したときに、前にも見たことがあるように感じる現象だが、ビュジャデはその逆だ。アダム・グラント〈『GIVE & TAKE「与える人」こそ成功する時代』の著者、アメリカの組織心理学者〉の言葉によれば、「見慣れたものに直面した時、それを新鮮な視点で捉えることで、昔からある問題に対して新たな見識を得ることができる」(5)のだ。

例えば、メガネやサングラスを販売する、アメリカのオンライン小売業者、ワービー・パーカーの創業者たちの話を紹介しよう(6)。何十年もの間、誰もが、眼鏡は高価なものだと思い込んでいた。眼鏡に法外な代金を払うのは、当たり前の感覚だった。そこへ、何人かの仲間たちが、一歩離れて客観的に、踏み込んだ疑問を投げかけた。

「なぜ、高いの？」

少し調べてみると、眼鏡市場が独占状態であることがわかった。一つの会社が、レンズクラフターズ、パール・ビジョン、レイバン、オークリーを傘下に置き、シャネルとプラダのライセンスも所有していたのだ。そのため、彼らと中間業者たちは、極めて高い価格を設定することができた(7)。買い手側に他の選択肢はなかった。

問題を特定したら、解決策がはっきり浮かび上がった。メガネのデザインから視力検査、流通(店舗とウェブ)まで、すべてのプロセスを自社で行えばいいのだ。こうして、彼らは、中間業者をすべて排除し、経費削減分を顧客に還元することができた。

ワービー・パーカーの創業者たちは、ビュジャデでの物の見方を利用したのだ。

彼らは慣れ親しんだ状況を、新鮮な視点から見つめ直した。既定路線に疑問を投げかけ、その過程で30億ドルのビジネスを築き上げた(8)。

ビュジャデは、ビジネス、人生、その他あらゆるものにおいて、創造的な革新を生み出す秘訣だ。子供は簡単にビュジャデができるが、大人はそれを押し殺してしまいがちだ。

では、既定路線をひっくり返し、ビュジャデを促すにはどうすればいいのだろう？

●ビュジャデを促す方法

子供たちにビュジャデを促す4つの方法を紹介しよう。

まず一つ目は、懐疑的な態度を養うこと

子供たちが、こう考えなさいと指示しても言うことを聞かない時、それを悪い資質だと勘違いしがちだが、実際は逆だ。私たちは、この探求心を罰するのではなく、励ますべきなのだ。

子供たちには、何事も疑わずに受け入れてはいけないと教えよう。

次のように自問するよう促すのだ。

■「今、あの人が言ったことは本当かな？」
■「それが真実だと、どうしてわかるの？」
■「誰が、どんな目的で、その話をしているんだろう？」

懐疑的であることのもう一つの重要な側面は、自分自身の偏った見方を手始めに、偏見に気づくことだ。子供に次のような質問を投げかけることで、自身の偏見に気づかせる助けとなる。

- 「なぜそう考えるの？　あなたの主張は、どのような前提に基づいているの？」
- 「何が真実であってほしい？」
- 「あなたの考えを裏付ける事実や研究はある？」

毎週一回、夕食の時に通説を打ち砕く議論をすることは、家族でできる素晴らしい習慣だ。

ビュジャデは、ビジネス、人生、その他あらゆるものにおいて、創造的な革新を生み出す秘訣だ。

良い懐疑論者であるということは、わざと異を唱えることを学ぶことでもある。子供たちに、議論のために、自分が必ずしも賛成ではない立場も取るよう勧める。この習慣を、闘争ではなく、ポジティブなもの、つまり、新しい何かへの心躍るような探求と捉えさせよう。

二つ目は、子供たちが一歩下がって、遠くから客観的に観察するのを助けること

何かに取りつかれた健全な状態が
湧き起こる環境を整えよう。
遊んでいるように見えても、
学んでいることを実感させよう。
なぜなら、子供たちは
実際に学びながら、同時に、
学ぶことを愛することも
学んでいるのだから。

一歩下がって何かを見直すとき、ふいに、初めてそれを見たように感じることがある。私は作家ウォーレン・バーガー〈世界中のイノベーター、起業家などを取材し、その問題解決法などを紹介している〉のこの言葉が、大好きだ。

「私たちは基本的に同じ現実と状況を見ている。しかし、距離を置くことで、より大きな全体像が見えてくる。全体的な文脈がわかるようになり、以前は別々のものと考えていたもの同士の、パターンや関係に気づくかもしれない」(9)

私たちは、子供たちにこれと同じ経験をさせられるように努めるべきだ。問題なのは、学校では次から次へとあまりにも早く進みすぎることだ。生徒には、学習内容をじっくりと消化する時間はほとんどない。

では、子供たちが一歩下がって、遠くから観察する訓練をする方法を、いくつか紹介しよう。

■ 自分の書いた文章を誰かに声に出して読んでもらう。
■ ある物語を別の登場人物（悪役とか）の視点から書き直してみる。
■ キーボード、スマホ、タブレット、あるいはペンと紙など、さまざまなデバイスを使って自分の書いた文章を編集してみる。

■同じ数学の問題を解く、別の方法を探す。
■数日前（あるいは数週間前）に読んだものを読み返し、受け止め方がどう変わったかを確認する。
■ジグソーパズルから離れて、別の角度から眺めてみる。

子供たちには、ある主張を真実として受け入れる前に、さらに根拠を求めて吟味してもいいのだと教えよう。

三つ目は、子供たちに〝当たり前のこと〟を拒否するように促すこと

当たり前のことを否定すると、矛盾や時代遅れの方法、見落とされているチャンスなどに気づき始める。子供たちがこの習慣を身につけるのは、早ければ早いほどいい。アダム・グラントもこう言っている。

「独創性の特徴は、当たり前のことを否定し、より良い選択肢が存在するかを模索することにある。その出発点は好奇心であり、そもそもなぜ、その〝当たり前のこと〟が存在するのかを考えることである」(10)

子供たちには、ある主張を真実として受け入れる前に、さらに根拠を求めて吟味してもいいのだと教えよう。

「なぜ？」という問いを大切にしよう。「なぜ？」は、子供たちなりの〝第一原理思考法〟〔訳註：既成概念を取り払って、物事の本質に基づいて考えること〕なのだ。

子供は「なぜ？」をたくさん口にする。それは、物事の仕組みを理解しようとしているからだ。子供たちは、投げかけられたものを分解して、それが理にかなっているかどうか、判断しようとしている。自分の頭で考えようとしているのだ。

四つ目は、子供たちが何に気づいたか、より深い質問をすること

ありきたりの質問には、ありきたりの答えしか返ってこない。少し立ち止まって、自分自身も子供たちも、もっと深く掘り下げて考える時間を費やすことには、それだけの価値がある。

子供たちには、次のような質問を自分自身に問いかけるように勧めよう。

- 「この証拠はどれくらい強力なものかな？」
- 「この証拠の出所は信頼できるかな？」
- 「裏に何か意図があるのかな？」
- 「自分が知らされていないことは何かな？」

■「どんな情報や詳細が欠けているのかな？」
■「反対の意見は何かな？」
■「反対の意見同士で、裏付けとなる証拠が多いのはどちらかな？」

スタンフォード大学教授のロバート・サットンは次のように述べている。

「これは、通常は否定的だと見なされることを、肯定的に考えることを意味し、その逆もまた然《しか》りである。原因と結果、あるいは一番大事なことと、一番どうでもいいことに関する思い込みを逆転させることを意味する。つまり、自動操縦で人生を旅しないということなのだ」(11)

「なぜ？」という問いを大切にしよう。「なぜ？」は、子供たちなりの〝第一原理思考法〟なのだ。

子供たちは、自分だけのプロジェクトを探究することで、深い学びが得られる。物事を別の視点から見たり、独自の手法を駆使する機会となるからだ。それは、自分自身を積極的に問題に関与させていくという、エキサイティングな学習方法だ。子供たちは、プロジェクトを楽しむだけでなく、学ぶという行為そのものを愛するようになる。

また、他の人の独創的なアイディアからも、同じようにエキサイティングに学ぶことができる。子供たちは他の人々の発見を学び、その手法を真似し、他者の見識を自分の勉強に生かすことができるのだ。

その方法を見ていこう。

7 ストーリー主導型の学習

今の典型的な教室を覗いてみよう。おそらく、事実や数字や公式について講義している教師の姿があるだろう。

私たちは子供たちをコンピューターのように扱っている。

私たちは子供たちにルールと情報を与える。彼らが正常に機能していれば、データを処理して正しい答えを出力する。悪戦苦闘している子供は、システムにバグがある、ということになる。

人間は論理や数学が得意だ。しかし、論理と数学を軸とした学びは、私たちにとって自然な学び方とは言い難い。人間は（コンピューターのように）コードに従うようにと実験室で設計されたわけではない。私たちは、物語（ストーリー）を通じて、他者を模倣して学ぶように進化してきたのだ。

この章では、ストーリーが学習のための強力なツールであることを確認していく。ストーリーは概念を具体化し、私たちが見習うべき人物たちの実例を示してくれる。物語は、人類そのものと同じくらい古くからある戦法で、抽象的な理論や公式や数字を、より意味のあるものにしてくれる。

人類の祖先が描いた洞窟の壁画を見てみよう。たまに、集計記号のような数字が壁に刻まれていることもあるが、全体的には狩りの絵が描かれていることが多い(1)。古代人は、知恵を伝えたいとき、子供たちが見習うべき英雄の話をして聞かせた。

ストーリーは記憶に残り、刺激的で、人を魅了する。人は、葛藤に直面し、失敗し、立ち直り、新たな戦略を見つけて逆境を乗り越えた普通の人々の物語を聞くのが大好きだ。ストーリーは、知識を記憶に残る実用的なものへと変える。尊敬すべき英雄や、達成すべき偉業を教えてくれるのだ。

優れた教育者は、こうした人間の本質と足並みを揃えている。子供の頃にお気に入りだった先生を思い出してみよう。賭けてもいい。その先生は、次の二つのことをしていたはずだ。

一つ。その先生は、人の心を摑《つか》むような実例を使って、その教科を生き生きと表現してくれた。授業で、自分の経験や、歴史やニュースについて話したり、例を示してくれたことだろう。

一つ。その先生は、あなたが学んだ人たちのことを模倣する自由を与えてくれた。その人たちが示したものを取り込み、態度を真似し、その戦術を自分で試みることができた。

こうした教師は、子供たちが自然なやり方で学ぶ環境を作る方法を知っているのだ。

子供たちの真似をしたほうが、
ずっといい勉強になる。
成功者の物語を見つけ、
その戦術を実践するのだ。

次に機会があったら、子供たちが遊んでいる様子を見に行ってみよう。彼らはたいてい、知っている物語のなかで生きているふりをしている。お気に入りの番組やゲーム、本の登場人物を真似るのだ。多くの場合、子供たちは自分の友人や家族、自分の生活の中の出来事も含めて話を広げていく。要するに、彼らは物語から学んだことを現実の世界に応用しているのだ。

●ストーリー主導型学習の活用法

子供たちの真似をした方が、ずっといい勉強になる。成功者の物語を見つけ、その戦術を実践するのだ。そうすれば、勉強はつまらない作業から喜びに変わる。これが、私たちが本来学ぶべき自然な方法だ。

作家のポリーナ・ポンプリアーノがニュースレター『ザ・プロフィール（The Profile）』で行っているのは、要するにそれだ。彼女は、個性的な人々の話をして、彼らの人生から、私たちの役に立つ教訓を引き出す。彼女はかつて私にこう言ったことがある。

「それが、より良い意思決定の材料であれ、フランス革命についてであれ、何か新しいことを学びたい時、私は、自分が学びたい考えを最もよく体現している人物を選ぶことにしてるの。その人物に感情的なつながりを持つほうが簡単だし、それでこちらの記憶が刺激されて、実際に学んで記憶することができるから」(2)

ポリーナに当てはまることは、私たち全員に当てはまることだと思う。私たちは、あるアイディアを、人やそのストーリーと結びつけたとき、最高の学びを得ることができる。

例を挙げてみよう。あなたは、意思決定について学びたいとする。学校に行って統計学を学ぶのが最善策だと思うかもしれない。最初の授業で、確率を計算するための有名な公式である、ベイズの定理を学ぶことになるだろう。こんな公式だ。

正直に言おう。あなたは目が虚《うつ》ろになっているだろう。頑張って、すべての変数を覚えて！公式中心の学習は難しい。公式は退屈だからだ。私たちは、公式には魅力を感じない。その一方で、面白い人々には自ずと惹《ひ》かれるようにできている。

だとしたら、もっと良い学び方は何だろう？

ベイズの定理からではなく、アニー・デュークの話から始めるといいだろう。アニーはポーカー史上最高の女性プレイヤーの一人だ。

彼女はどのようにして腕前を上げたのだろう？

ベイズの定理

$$P(A|B)=\frac{P(B|A)\cdot P(A)}{P(B)}$$

彼女はベイズの定理のような確率論を使って、どうすれば効率よく賭けられるか、判断していた(3)。この確率論のおかげで、テーブル上のカードと対戦相手の賭け方に基づいて、勝てるかどうか、可能性を割り出すことができた。この戦略で、彼女はポーカー界のトップに躍り出た。2010年、彼女は『ナショナル・ヘッズアップ・ポーカー・チャンピオンシップ』（NBCテレビ主催）で優勝した。彼女の生涯獲得賞金は、数百万ドルにのぼる。

さて、統計を使って意思決定をする方法を学ぶことへの興味が、前よりさらに高まったと思う。あなたは、優れたストーリーで、数字や理論をすべて、一人の人物と結びつけた。その人と感情的なつながりができれば、その人の仕事を理解することに興味を持つ可能性が高くなる。

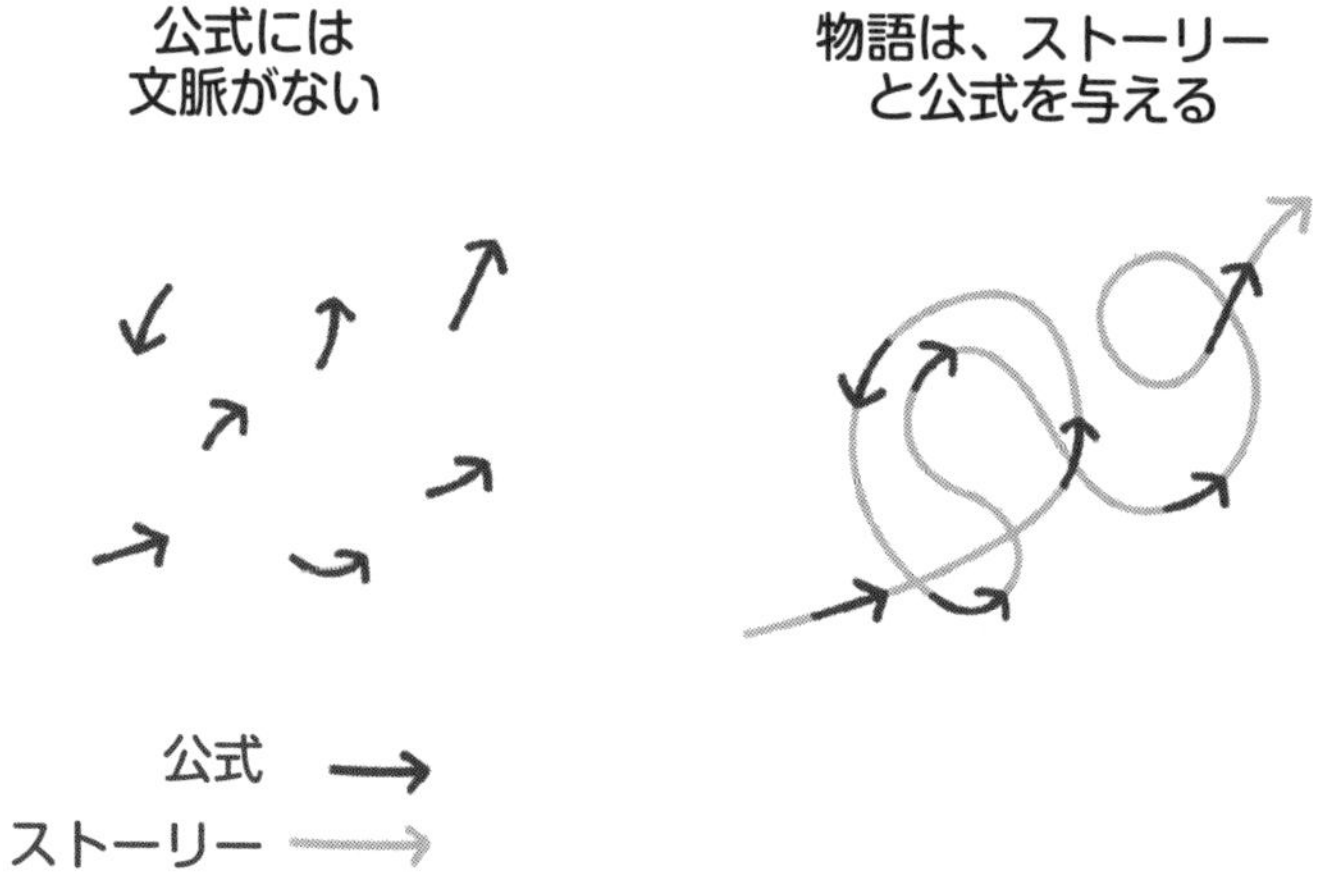
公式には
文脈がない
物語は、ストーリー
と公式を与える
公式
ストーリー

私たちは、あるアイディアを、人やそのストーリーと結びつけたとき、最高の学びを得ることができる。

私は、数学の公式は重要でない、と言っているわけではない。もちろん重要だ！　何かをマスターしたいのであれば、その技術的な詳細を知り尽くしておく必要がある。

しかし、その究極の目標に到達するためには、正しい地点から始めなければならない。数学を用いて、より奥深い意味を理解する前に、公式の背後にある理由と方法、つまりストーリーを理解する必要があるのだ。ストーリーは、学習を腑に落ちるようにさせてくれる。

この同じ戦略は、何にでも使える。エンジニアリングについて学びたいなら、ライト兄弟について読んでから、模型飛行機を作ればいい。ファッションについて学びたいなら、初めにココ・シャネルについて読んでから、服をデザインする。コンピューターについて学びたいなら、アラン・ケイ〈パソコンの父と言われる〉について読んでからアプリをプログラミングする。文学について学びたければ、メアリー・シェリー〈怪奇小説『フランケンシュタイン』の作者〉について読んでから、ホラー小説を書けばいいのだ。例を挙げればきりがない。

昔は、他人の物語から学ぶことは難しかった。昔の人たちの伝記を読むか、地元で良き指導者を見つけるしかなかった。今や、すべてが変わった。インターネットには、人生のあらゆる分野で活躍する、素晴らしい人々の物語があふれている。ツイッター（X）、ユーチューブ、ウィキペディア、ザ・プロフィール。どこを探しても、学ぶべき人を見つけることができる。

ストーリーは知識を、記憶に残る実用的なものへと変える。尊敬すべき英雄や、達成すべき偉業を教えてくれるのだ。

今日の学校は、ストーリー主導型の学習の可能性を十分に活用していないが、その理由は明らかになってない。ストーリー主導型の学習は効果的で楽しいのに、教育者はあまり効果的でない他の手法を好むようだ。

例えば、教師は標準的な丸暗記に頼りすぎている。重要な情報を、想像を掻《か》き立てるような、記憶に残るものにする代わりに、子供たちに次から次へと記憶力の練習を強いて、力ずくで求められる一定基準を満たさせようとする。

しかし、だからと言って、暗記が悪いのだろうか？

暗記は本物の学習において役割を果たすのだろうか？

もし役立っているとしたら、暗記はどのような位置づけにあり、どうすればもっと効果的にできるのだろうか？

次に、こうした問題を検討していこう。

8 暗記による学習

今日、知りたいことは何でもグーグルで検索できる。それにより、昔と比べて、教育における暗記の役割をどう捉えるべきかが変わってきている。もちろん、暗記は依然として重要だが、その理由は異なってきている。

個別の事実を暗記するのではなく、広範な知識に裏打ちされた強固な基礎と、たくさんの思考手段が必要なのだ。メンタルモデル、認知スキル、そして世界の仕組みの背後にある「なぜ？」が必要だ。指先ひとつで情報が手に入る今、私たちは暗記を減らし、分析を増やすことが可能となった。

この章では、暗記が本当の学びとどのように関連しているかを探っていく。暗記を、意味と結びつけることの重要性について確認し、暗記をより簡単かつ魅力的なものにして、記憶をより持続させるための戦術を解き明かそう。

●記憶と意味を組み合わせる

学校は物事を逆にしている。サイエンスライターのロジャー・ルーウィンの言葉を借りれば、「私たちは子供たちに、解決すべき問題ではなく、覚えておくべき答えを与えてしまいがち」だ。子供たちが暗記するのは、理解力や批判的思考力を高めるためではなく、テストで良い点を取るためだ。たとえ意味がわかっていないとしても、正しい答えをオウム返しに言うことを学ぶのだ。

私は教師として、生徒たちが暗記した概念を応用しようと四苦八苦する姿に、その弊害を目の当たりにした。自由回答形式の問題に直面したとたん、彼らは頭が真っ白になってしまう。公式は説明できても、それを実際に活用する方法がわからないのだ。

暗記は、いかにも勉強している風に見えるが、本当のところ、学ぶ真似をしているにすぎない。子供たちは、概念を理解していなくても、表面上は正しい答えを出す方法を見つけ出す。

現実的には、子供たちは「何を」と「なぜ」を両方とも学ぶ必要がある。重要な事実を暗記すると共に、それが何を意味するかを学ぶ必要があるのだ。物事がそのように動く理由を知っておかなければならない。

5個ずつからなる
3つのグループ
3×5＝15

例えば、掛け算の九九を覚えることは大切だ。覚えていないと、電卓を使うか、頭のなかで何度も足し算をせざるを得ず、効率が悪い。ただし、3×5＝15と暗記するだけでは不十分だ。3×5＝15とは、それぞれ5個のアイテムからなる、3つのグループだと理解する必要がある。

物事の仕組みを理解することで、正しい答えにたどり着くことができた時、本物の学びが得られる。事実や数字だけでなく、もっと重要な、その答えを導き出す推論プロセスを脳に記憶させることができるからだ。

●最も重要なことに集中する

学校では、最適な手段だとして暗記に飛びつきが

子供たちにさせない

子供たちに、グーグル検索でわかる情報は覚えさせない

ちだ。しかし、暗記だけで知識を定着させるには、多くの時間と労力を要する。それよりも、教師は最も有用な情報のみに焦点を当てるべきだ。

例えば、アメリカの50州すべての名前と正確な位置を暗記することに、子供たちの時間を費やさせるべきだろうか？　たしかに、生徒はアメリカの地理を大まかに理解すべきだ。しかし、全部の州の名前と位置を知っているからと言って、人生に関わる、重要な決断を下す役に立つだろうか？　おそらく何の役にも立たない。

一般的に、学校では子供たちに、取るに足らない豆知識（トリビア）の暗記を強いるべきではない。取るに足らない豆知識には、次のようなものがある。

- 日常生活には関係ないこと。

■ 重大な決断を下す際に重要でないこと。
■ 世界の仕組みの基本ではないこと。
■ グーグルで簡単に調べられること。

50の州はこうした基準をクリアしていないが、掛け算の九九は、前にそれとなく書いておいたように、この基準をクリアしている。九九は日常生活に関連し、大小関係なく決断を下す際に重要であり、世界の仕組みの基本だ。その上、素早く計算する必要があるときにグーグルで検索するのは現実的ではない。要するに、(50州のような)取るに足らない豆知識を暗記することに重点を置かず、(数学のような)最も重要な考え方を習得することに、もっと時間を割くべきなのだ。

ただし、覚えておく価値のある情報については、優れた暗記術が存在する。次に、それを取り上げよう。

●記憶の宮殿を建てる

従来の暗記方法は、生徒にとっても教師にとっても苦痛だった。暗記カードと涙は切っても切れない関係にある。だが、幸いなことに、もっと良い方法がある。

暗記は、いかにも勉強している風に見えるが、本当のところ、学ぶ真似をしているにすぎない。

ジャーナリストのジョシュア・フォアは、全米記憶力選手権の記事を書いたときに、「記憶の宮殿」メソッドを知った(1)。競技参加者たちにインタビューすると、自分たちは特別な存在ではなく、誰でもその技術を学ぶことができる、と彼らは断言した。そこで、フォアは、自らその技術を実践しようと決め、翌年には選手権で優勝を勝ち取るまでになった。

フォアは著書『ごく平凡な記憶力の私が1年で全米記憶力チャンピオンになれた理由』で、記憶競技の参加者がどのように準備するか、詳しく説明している(2)。大切なのは、人の記憶というものが、驚くほどうまく機能していることを認識することだ。私たちがすべきことは、記憶が設計通りに機能するように利用するだけなのだ。

例えば、私たちは、とりわけ二つの事柄を、よく覚えるようにできている。場所と変わった物事の二つだ。反対に、数字や事実は退屈だ。だから、記憶に残らない。従って、当たり障りないものを記憶するためには、それを覚えやすいものに変換すれば良い。

子供の頃の家など、あなたにとって大切な場所を思い浮かべてみよう。心の中でそれを視覚化する。すべての部屋を歩きまわってみる。ソファ、椅子、戸棚、すべて頭の中に描いてみる。次に、覚えにくいもの、例えば、買い物リストなどを用意する。

- りんご
- バター
- トイレットペーパー

それぞれのアイテムを、頭の中の記憶の宮殿に置く。りんごは郵便ポストの中、バターは玄関マットの上、トイレットペーパーはキッチンカウンターの上、といった具合だ。

心の中で、郵便ポストから、玄関を通って、キッチンまで歩いていく。それぞれのアイテムを通り過ぎながら、そのアイテムが何かバカげたことをしている姿を思い浮かべる。リンゴが歌っているとか、バターが炎に包まれているとか、トイレットペーパーが凍っているとか。バカバカしければバカバカしいほどいい。

ひとつひとつのアイテムを通り過ぎるとき、どんな体験をするか想像してみよう。リンゴの甘い歌声を聴いて微笑む。バターから放たれる熱を感じる。トイレットペーパーに触ると、手がヒヤッとするだろう。

次に買い物に行く時には、記憶の宮殿を歩くだけでいい。各アイテムが自動的に頭に浮かぶだろう。記憶の宮殿は、慣れ親しんだ場所かつ、過激な状況にあるため、あなたの記憶は、いとも簡単に、何を覚えておくべきかを正確に教えてくれるのだ。

こうした戦術を使えば、暗記を退屈でイライラする作業から、持続的な学びを促進するエキサイティングな活動に変えることができる。必要なのは、事実を覚えようとする従来の方法から一歩引いて、プロの助言に耳を傾けることだけだ。正しく行えば、暗記はそれほど難しいものではない。むしろ、楽しくて創造的なものであり、私たちの脳が本来備えている働きに、ぴったり合う。

暗記は、適切な目的に使用すれば、学習のための強力なツールとなる。情報を素早く取り出し、有用な概念を頭の中に記憶するのに役立つ。

しかし、学校は（テストで良い点を取ること以外）人生に役立たないことを子供たちに暗記させる。

こうした暗記技術の誤用は、学校が間違えていることのひとつである。これは氷山の一角であり、教育者たちは、効果てきめんと言われている、さまざまな指導方法を用いているが、実際に

子供たちには、
広範な知識に裏打ちされた
強固な基礎と、
たくさんの思考手段が必要だ。
メンタルモデル、認知スキル、
そして世界の仕組みの背後にある
「なぜ？」が必要なのだ。

はまったく効果があがっていないのだ。
例えば、多くの教育関係者が陥っているのが、学習スタイルの神話だ。

9 学習スタイルの神話

私たちにはそれぞれ、自分に最適な「学習スタイル」がある、と聞いたことがあるはずだ。科学用語で、支配的な感覚モダリティ（様式）と呼ばれるものだ。

大学に入る頃には、私たちは皆、「視覚的」「聴覚的」「運動感覚的」のいずれかのタイプの学習者であり、自分の好みのスタイルで学ぶのが一番効果的だという話を、一度は耳にしたことがあるだろう。しかし、本当に、一つの固有な学習スタイルというものがあるのだろうか？　それに、特定の感覚モダリティに合わせて学習をカスタマイズするのが、本当に一番良いことなのだろうか？

この章では、学習スタイルという概念を問い直し、人々の学び方について、もっとよい考え方があるかどうかを検証する。

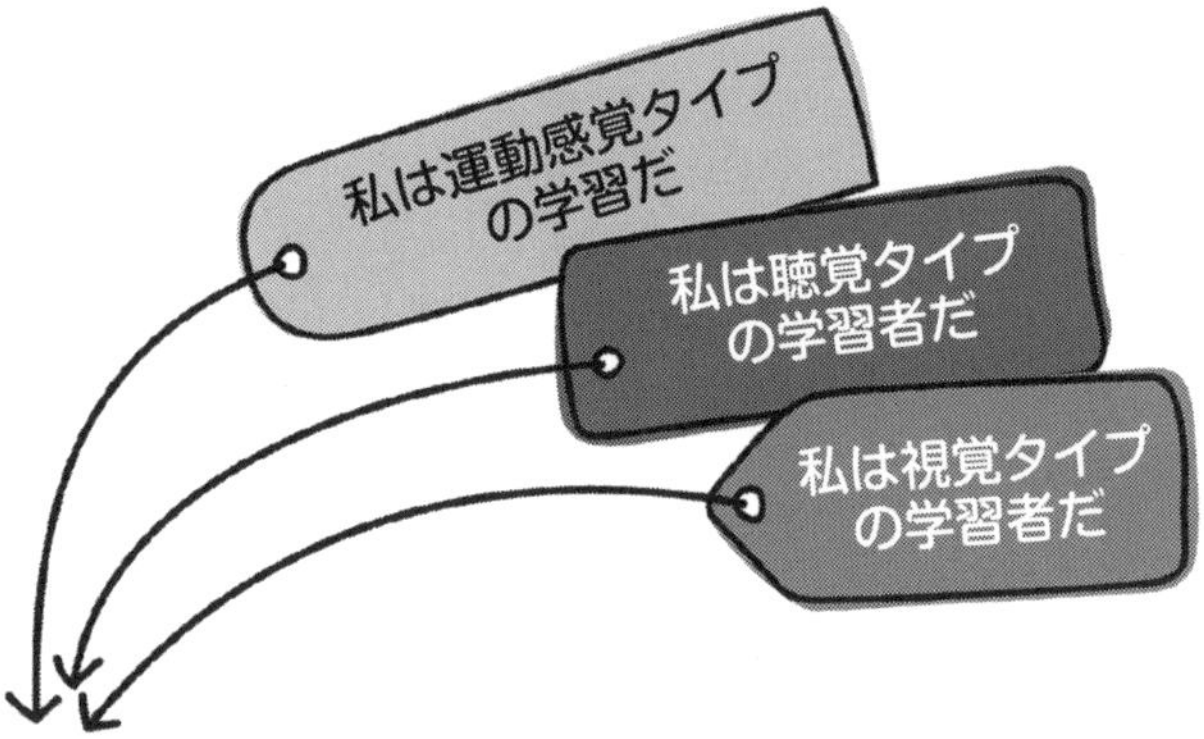
私は運動感覚タイプの学習だ
私は聴覚タイプの学習者だ
私は視覚タイプの学習者だ

それは違う。好みのタイプはあるかもしれないが、実際にはすべてを備えている。

●私の教室における学習スタイル

アメリカ心理学会によると、教師の90％以上が、生徒たちは、その子の優位な感覚モダリティに沿った学習スタイルで教わったほうが、上手く学ぶことができると考えている(1)。

私もその一人だった。

私は生徒たちの学習スタイルを特定するために、膨大な時間と労力を費やした。私はVARK式モデルの質問票（学習傾向によって子供を分類するツール）を使って、視覚タイプ、聴覚タイプ、運動感覚タイプなど(2)、生徒をさまざまなバケツに仕分けした。タイプごとに異なる学習体験を提供し、生徒一人ひとりの学習スタイルに合わせて指導方法を変えた。

手間はかかったが、「それだけの価値はある」と私は思っていた。「生徒が学ぶ助けになるなら何でもしよう」と。

私は間違っていた。

学習スタイルという考え方は論理的で魅力的に思えるが、現在では多くの研究がこの理論に疑問を呈している(3)。

学習スタイルという考え方が的外れだと思える、3つの重要なポイントを見てみよう。

●学習スタイルの問題点

第一に、学習スタイルは一つではない

私たちには支配的な感覚モダリティがあるという考えは間違っている。脳内の視覚、聴覚、運動の入力モダリティ（様式）は相互につながっており、この相互接続こそが、情報処理を助けているのだ。

言い換えれば、私たちは学習しているとき、同時に複数の感覚を働かせているということだ(4)。例えば、料理の仕方を学ぶには、YouTubeの動画を見るのが一番かもしれないが、だから

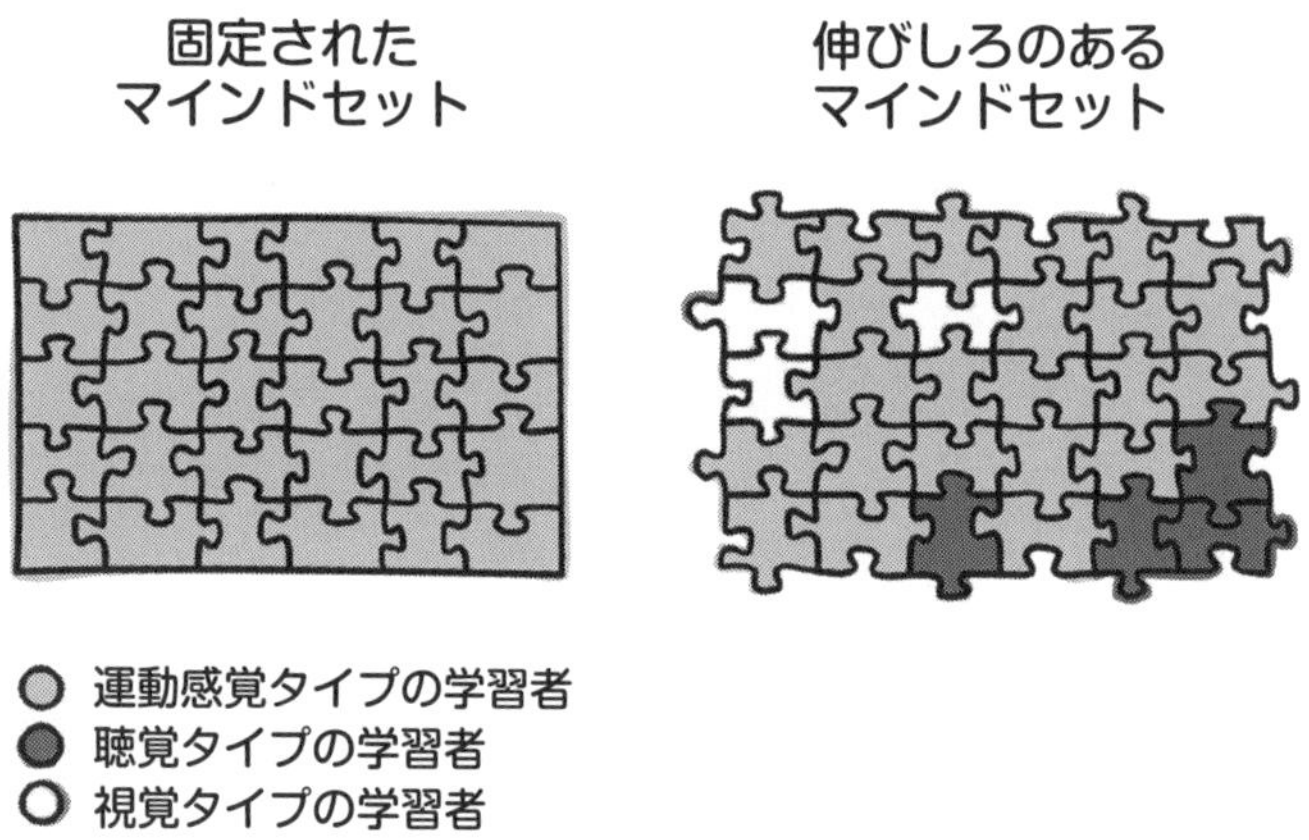

と言って、視覚学習者だということではない。YouTubeの動画で料理を学ぶ時、私たちは実際には視覚、聴覚、触覚を働かせているのだ。

第二に、さまざまな学習スタイルに合わせて指導方法を変えたからと言って、学習成果は向上しない

各自に想定される学習スタイルに対応しても、生徒たちの役には立たない。例えば、ある研究では、数百人の学生がVARK質問票に回答して、自分の学習スタイルを特定した[5]。その後、自分の学習スタイルに合うと思われる戦略を使って、あるテーマについて準備をするよう求めた。調査の結果、次のことが判明した。

a）ほとんどの学生は、自分の学習スタイルを反映していると思われる方法では準備していなかった。

b）数少ない、学習スタイルに見合った方法で準備した学生たちも、評価が上回ることはなかった。

第三に、学習スタイルは固定化した物の見方（マインドセット）を助長する

人を視覚タイプ、言語タイプ、運動感覚タイプの学習者として分類しても、何のメリットもない。学習スタイルに基づいて、子供たちにレッテルを貼って分類することは、固定観念を助長するようなものだ(6)。善意とはいえ、自己実現的な予言で縛り付けることになるのだ。

子供たちの個性を尊重しすぎるあまり、やりすぎてしまい、子供たちを再び型にはめてしまうことがある。

時には、子供たちの個性を尊重しようと、一人ひとりに合った学習スタイルを見つけようとするあまり、振り子を振りすぎてしまって子供たちを再び箱の中に閉じ込めてしまうことがある。教師だった頃、私は何も疑わずに学習スタイルという考え方を取り入れ、脳とその機能に関する俗説の餌食になってしまった。自分の過ちに気づいてからは、学習スタイルについて見直し、教室で学習に取り組むための新しい方法を考案し始めた。
では、私が生徒たちと始めた4つのやり方を紹介しよう。

●より良い活動のためのヒント

一つ目は、子供たちに学習スタイルが一つではないことを明確にすること

それぞれ、学び方の好みや、特定の方法で情報を処理する傾向を備えているかもしれないが、私たちは皆、多くの感覚モダリティを組み合わせて使うときに、一番効率的に学べるのだ。

二つ目は、学び方の好みは固定されていないことを強調すること

学習の習慣は時間とともに変化し、多くの場合、状況に左右される。ある日は、ドキュメンタリーを観て歴史について学びたいと思い、また次の日には、ブログ記事を読んで学びたいと思うかもしれない。こういう多様性は素晴らしい！

私たちには支配的な感覚モダリティがあるという考えは間違っている。

三つ目は、子供たちには学習方法が詰まった、大きなツールボックスがあることを思い出させること

新しいことを学びたい時は、「このテーマで、このシナリオだったら、自分に一番効果的なのは、どの精神的ツールだろう?」と自分自身に問いかけるように促すのだ。自分が利用できる選択肢がたくさんあることを、自覚すればするほど、子供たちは、いつでも、どこでも、好きなことを独学できるようになる。

四つ目は、子供たちに多くの感覚モダリティに触れる機会を与えること

今の時代、ちょっと例をあげただけでも、YouTube、書籍、ポッドキャスト、ドキュメンタリー、オンライン授業、ブートキャンプ〈軍隊式トレーニング〉、オンライン記事、対面式の勉強会など、学ぶ方法は数え切れないほどある。子供たちにテーマを選ばせ、それを三つの異なる方法で学ぶ機会を与えてみよう。そこから気づいたことを振り返らせよう。

私たちは皆、多くの感覚モダリティを組み合わせて使うときに、一番効率的に学ぶことができる。

本来、生徒の学習スタイルに合わせて教えるのは、もっと簡単に学習できるようにすることが目的だった。これまで見てきたように、この教え方は上手くいかないが、少なくとも、背後にある動機は正しいように思える。だが、果たしてそうだろうか？

子供たちがもっと簡単に学習できるようにすることが、常に最善な道だろうか？　あるいは、悪戦苦闘する機会を与えたほうが、子供たちはより優れた学習者になるのだろうか？

次は、それについて考えてみよう。

10 混乱が好奇心を刺激する

あなたは、どれだけ、子供たちが混乱して悩んだままにしておけるだろうか？　あまりできていないだろう。混乱は学習にとって悪い影響を与えると考えがちだ。しかし、研究によると、その逆なのだ。混乱は強烈な感情だ。適切なアプローチをすれば、好奇心をかき立て、やる気を起こさせ、学習意欲を高め、そしてもちろん、学びへと導いてくれる。

この章では、混乱を受け入れることの利点を探る。子供たちが戸惑いを受け入れ、それをうまく活用できるようにするには、どうすればよいだろう？

●混乱を受け入れる

シドニー・デメロ教授が主導した研究について考えてみよう(1)。教授と同僚たちは、混乱が学習と問題解決能力を高めることを発見した。教授はその研究結果を、次のようにまとめている。

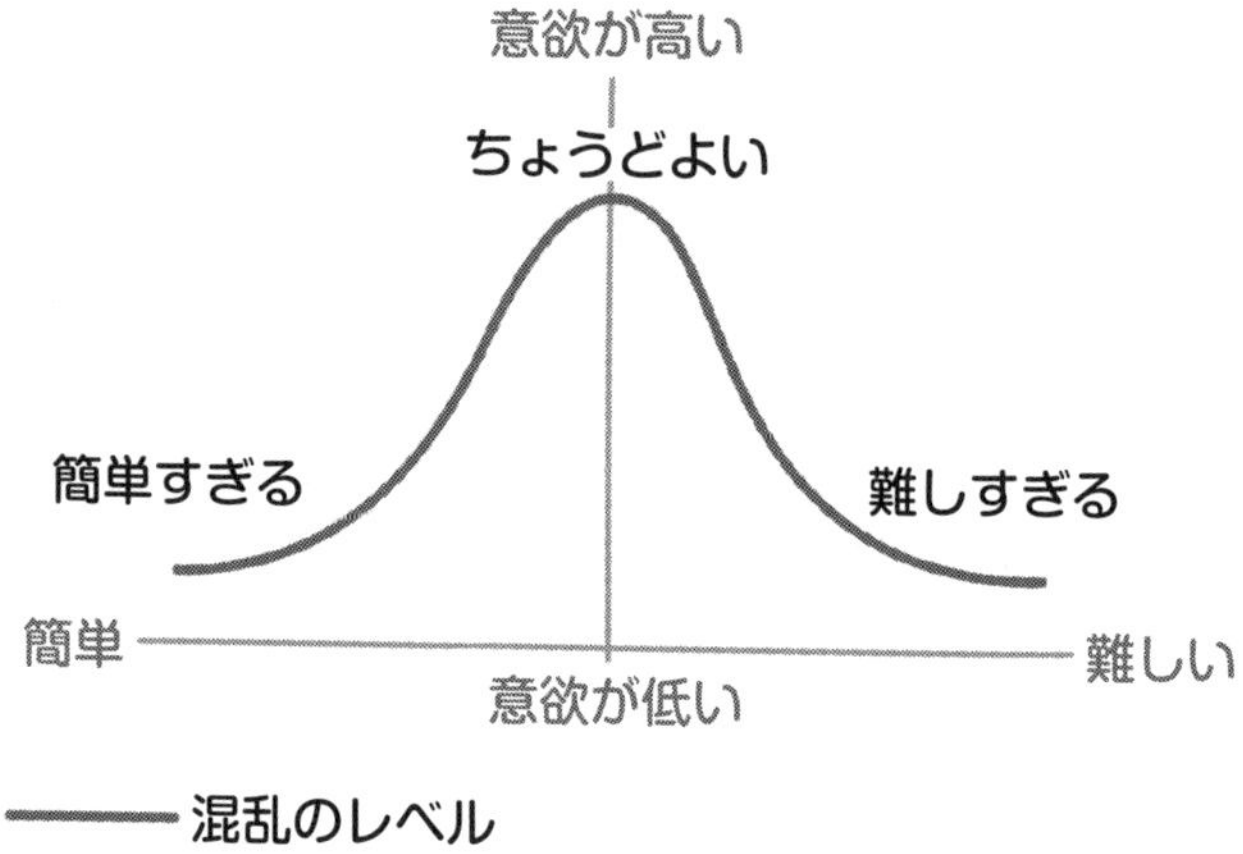

「我々は、適切に管理されていれば、混乱は学習に有益であることを発見した。混乱を解決するために、学習者が教材をより深く処理する可能性があるからである[(2)]」

だからといって、大小に関わらず、あらゆる混乱がプラスになるというわけではない。混乱が足りなければ、飽きて関心を示さなくなるし、多すぎれば、イライラして放り出してしまう。適度に良い塩梅であれば、好奇心を持って学ぶようになる。

混乱しているとき、私たちは心理学者のジャン・ピアジェが認知的不均衡と呼ぶものを経験している[(3)]。私たちは、既存のメンタルモデル〔訳註：誰もが無自覚に持っている思い込みや価値観〕に適合しない、新しい情報に直面することで、もっと深く掘り下げて既存の知識を超え、物事の仕組みをより完全に理解しようとする。

例えば、足し算と引き算しか知らない状態から、割り算を学ぶ場合が考えられる。この新しい数の使い方は、それまでの数学に関する知識とは、すぐには結びつかない。それは、世界の捉え方を広げて、心の道具箱に新しい視点を加えるように迫ってくる。あるいは、プログラミングや、難易度の高い新しいビデオゲームなど、新しいスキルを学ぶ時の感覚を思い出してみよう。いずれの場合も、認知的不均衡は成長にとって極めて重要だ。

こうした認知的不均衡の瞬間は、避けることもできるし、その瞬間を探し出して受け入れることもできる。しかし、私たちは避けようとしがちだ。なぜなら、認知的不均衡は不快で、多くの努力を必要とし、間違ったときに罰せられる危険性があるからだ。

しかし、そうした瞬間を受け入れると、不平衡が好奇心を刺激して、新しい答えを探すよう後押ししてくれる。

つながりを通して学ぶ

新しい物の考え方は単独で提示されると、不均衡を受け入れるのが本当に難しい。生徒が学校で退屈や不満を感じる原因もそこにある。数学のような教科を、文脈から切り離して、単独で教えると、子供たちはその断片同士が、どのように組み合わさるのか理解しづらい。これでは数学が理解不能で無意味なものに思えてしまう。

子供たちに生産的な苦労を積ませて、混乱を整理する機会を与えよう。

本物の学びは、異なる分野間の関係や相互作用を理解することから生まれる。数学を関係性の探究として、パターンに気づくための助言とともに教われば、そのプロセスは創造的なものとなり、数学の実用性と重要性が際立つだろう。

最初のうち、教科の教え方を変えるのは、難しすぎると感じるかもしれない。教師にそんな時間があるだろうか？　ありがたいことに、ちょっとした微調整で、状況を一変させることができる。

一つの方法は、子供がすでに興味を持っている現実世界の例を使うことだ。あなたの子供が、買い物に興味を持っているようだったら、お金と数え方を教える絶好の機会だ。もっと大きな数を数えることに興味を抱いたら、電卓を導入する。宇宙や「スターウォーズ」への関心が、時空の旅への興味を刺激するかもしれない。あるいは、恐竜に興味を持つことで、数十年、一世紀、数十万年という長い時間の概念について学びたくなるかもしれない。

つまり、そういうことだ。つながりを通して学ぶことは、愉快で、自然に感じられるものなのだ。

【ケーススタディ】シンセシス・プログラム

指導の目標は、子供たちが視点を変えて、困難な問題をエキサイティングなチャンスとして捉えられるように支援することだ。

イーロン・マスクのような起業家が、厄介な問題へどう対処するか考えてみよう。他の人なら、自動車生産、太陽エネルギー、宇宙旅行の細部に至るあらゆることに圧倒されそうなものだが、イーロンはその難題に胸を躍らせる。彼は複雑さに対処する特別な能力を持っているが、それは単に知能が高いせいだけではない。IQだけでなく、そのマインドセットが、イーロンに強みをもたらしているのだ。彼は混乱に好奇心で応じる。

イーロンは、このマインドセットの価値をよくわかっていて、それを子供たちに教える学校を作りたいと考えた。そこで彼は、自分の子供たちの学校の先生だったジョシュ・ダーンを雇い、スペースXの敷地にキャンパスを作り、新しい教育へのアプローチを立案させた。その結果、誕生したのがアド・アストラ（Ad Astra）という学校だ(4)。

アド・アストラで最も人気のあるクラスは「シンセシス（Synthesis：総合学習）」だった。シンセシスの背景にある考え方は、「子供たちに難しい問題を解かせたいなら、その練習をさせればいい」という、シンプルかつ素晴らしいものだった。

ジョシュは複雑なチームゲームを考案した。生徒たちが、テスラ〈電気自動車〉向けの最善のスーパーチャージャー（超高速充電）ネットワークや、アメリカ経済を前進させるための最良の投資などの設計を競うのだ。

シンセシスは生徒たちのお気に入りの遊びになった。彼らは混乱しながらも、それを楽しんでいた。

このシミュレーション・ゲームは、新たなルール、新たな得点項目、新たな目標へと、常に変化していった。シンセシスは、指示や命令なしに子供たちをチャレンジさせ、自分たちで物事を解決するよう促した。それは、子供たちが混沌《こんとん》を受け入れ、奇抜なアイディアを模索し、誰も思いつかなかった解決策を考え出す絶好の機会だった。

本物の学びは、異なる分野間の関係や相互作用を理解することから生まれる。

シンセシスが機能するのは、子供たちが混乱に取り組むのを後押しする独自の方法のおかげだ。誰でも使えるその3つの原則を見てみよう。

●混乱を探究するための3つの原則

一つ目は、子供たちを混乱にさらすこと

より難しい数学の問題を解いたり、難解な本を読んだりするように促す。複雑な概念を探究させ、その過程で戸惑うだろうが、それで良いのだと理解させる。子供たちが新しいゲームをする時は、ルールを教えたくなる衝動を抑えよう。自力で解決するチャンスを与えるのだ。そのうち、子供たちがゲームを楽しみ始めるのに気づくはずだ。

二つ目は、混乱について話題にする時、子供たちへの伝え方を根底から変えること

混乱は失敗や無能と同義ではないことを子供たちにしっかり理解してもらう。学びの過程において、混乱は重要で妥当なものであり、当惑するような事態には、ワクワクと好奇心を持って対応することが大切であることを強調する。

三つ目は、子供たちがまごついた時に、すぐに助け舟を出さないこと

子供たちが混沌を受け入れ、
奇抜なアイディアを模索し、
誰も思いつかなかった
解決策を考え出す
機会を与えよう。

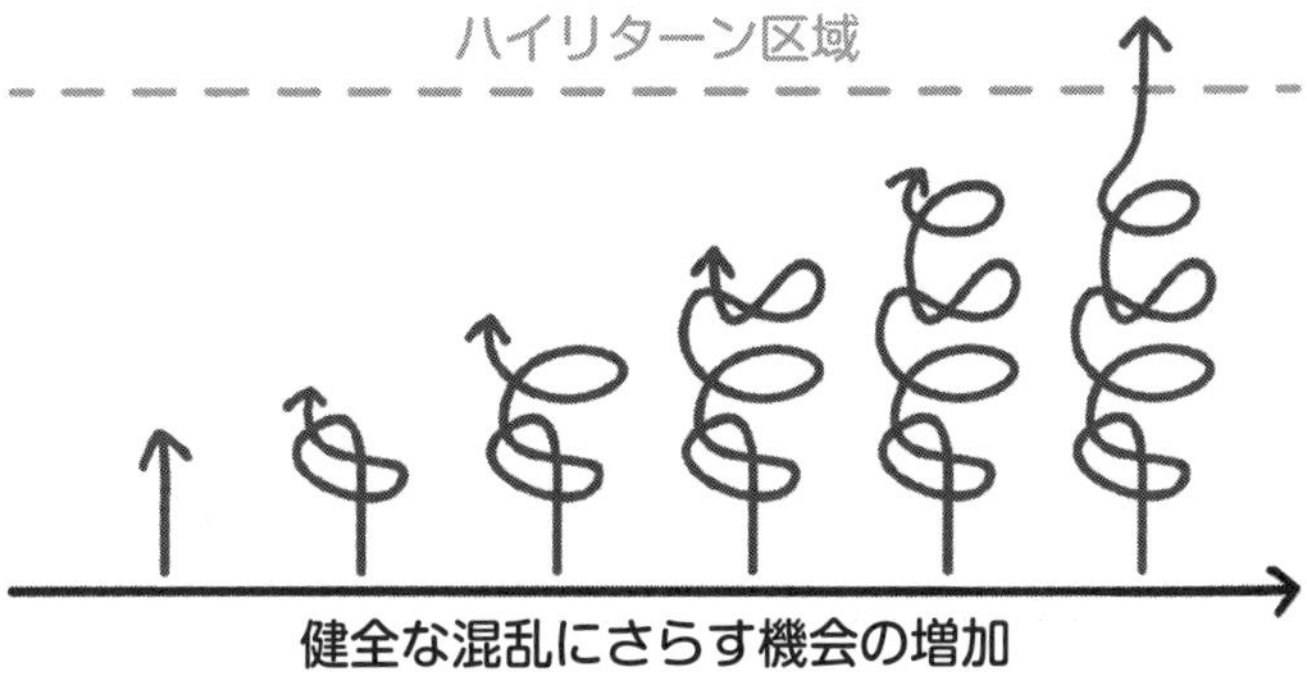

私たちは、物事を簡単で苦痛のないものにすることで、子供たちを助けているつもりでいるが、実際は逆だ。子供たちに生産的な奮闘をさせ、自分たちで混乱した状況を整理する機会を与えよう。子供たちをそばで応援しつつ、首を突っ込みたくなる誘惑に耐えるのだ。

健全な量の混乱に触れることは、大きな利益をもたらす。適切な事情で混乱を経験すればするほど、子供たちは「わからない」という不安をかき分けて進むことを厭《いと》わなくなる。今日の世界で生き延びるための重要な能力だ。

子供たちに混乱を経験させることで、現実の世界を味わわせるのだ。リスクが低いうちに、低い賭け金のうちに、複雑な状況に対処する方法を学ばせ、後で実際の場面に遭遇した時のために心の準備をさせておくのだ。その場しのぎの簡単な作業で、お茶を濁させないようにする。その時は良い気分になれても、長期的には損をするからだ。

実際のところ、子供たちが混乱に陥って苦労している姿を目の当たりにすると、苦痛を感じる。子供たちが、大抵それを楽しんでいることを忘れてしまっているのだ。

彼らがお気に入りのビデオゲームで遊んでいる様子を見るといい。楽しさの大部分は、意味がないように見える問題を、どうやって解決しようか考えることにある。事実、子供たちはすべてを理解すると、プレイをやめて先へ進む。適度な混乱が、子供たちを夢中にさせる鍵なのだ。

ゲームデザインの本をお手本にしたら、どうだろう？　子供たちが何度も挑戦したくなるような、魅力的なチャレンジを伴う学習体験をデザインできるとしたら、どうだろう？

次の章では、ゲーム構造を探ることで、こうした疑問に答えていこう。

PART 3

夢中にさせるゲームの力

11 おもしろいゲームの構造

ある親が、「10歳になる息子の記憶力に問題があるのではないかと心配だ」と言ってきたことがある。理由を尋ねると、その子はアメリカの州都や細胞の各部分の名前を思い出せないのだという。

私は彼女がこの結論に飛びついたことに驚いた。この子は、出回っているポケモンカードを一つ残らず覚えていたからだ。

問題は彼の記憶力ではなかった。問題は、彼がアメリカの州都について学ぶことにまったく興味がないことだった。彼に尋ねると、「それよりも、自分が実際に住んでいるパナマの州を学びたい」という答えが返ってきた。

この子の指摘はもっともだった！

私は学年を問わず、こうした成り行きを何度となく見てきた。子供というのは、自分に役立たない事柄には興味を示さないのだ。

では、どうすれば子供たちの学習意欲に再び火をつけられるのだろうか？

数学者であり教育者でもあるシーモア・パパートは、私たちに、正しい方向性を教えてくれる。

「ビデオゲームの制作者は、(教育)カリキュラムの制作者が理解していないようなことを知っている。簡単にできると宣伝しているビデオゲームには、お目にかかることはない。学校嫌いの子供たちは、学校が〝難しい〟からではなく〝つまらないから〟嫌いだと言うだろう(1)」

ゲームデザイナーから学ぶことは多い。彼らは、子供たちを夢中にさせる方法を熟知している。彼らが作り出す体験は、子供たちを魅了し、たとえ失敗しても挑戦し続けたくさせる。

この章では、親や教育者が魅力的な学習体験をデザインするために使える、ビデオゲームの3つの原則を見ていく。フロー、本質的に興味深い課題、スーパーマリオ効果だ。また、ゲームの効用についても検討する。

●夢中になることとビデオゲーム

なぜゲームはこれほど魅力的なのだろう?

有名なビデオゲームデザイナーであるジェイン・マクゴニガル教授は、ゲームによって私たちは「退屈とプレッシャーとの間の完璧な状態」に置かれるからだと述べている(2)。彼女は、さらにこう続ける。

「常に自分の技術レベルのギリギリのところでプレーし、脱落するかしないかの瀬戸際にいます。そして、実際に脱落してしまっても、また這い上がりたいという衝動に駆られるのです(3)」

つまり、ゲームは私たちを「フロー」と呼ばれる心理状態に陥らせるのだ。

フローは、心理学者のミハイ・チクセントミハイによって提唱された。彼は第二次世界大戦中のヨーロッパで育ち、多くの大人が戦時中に経験したトラウマによって、普通の満ち足りた生活を送るのに苦労していることに衝撃を受けた(4)。これにより、彼は生きるに値する人生には、どんな要素が寄与しているかを研究することにした。

チクセントミハイは、経験サンプリング法と呼ばれる、新しいタイプの調査法を開発した(5)。彼は調査対象者たちに、不規則な間隔で、一日の活動や感情、その他の指標を記録してもらった。このデータの広範な研究を通じて、人々が楽しさの絶頂にいる時には、一つの共通点があることがわかった。

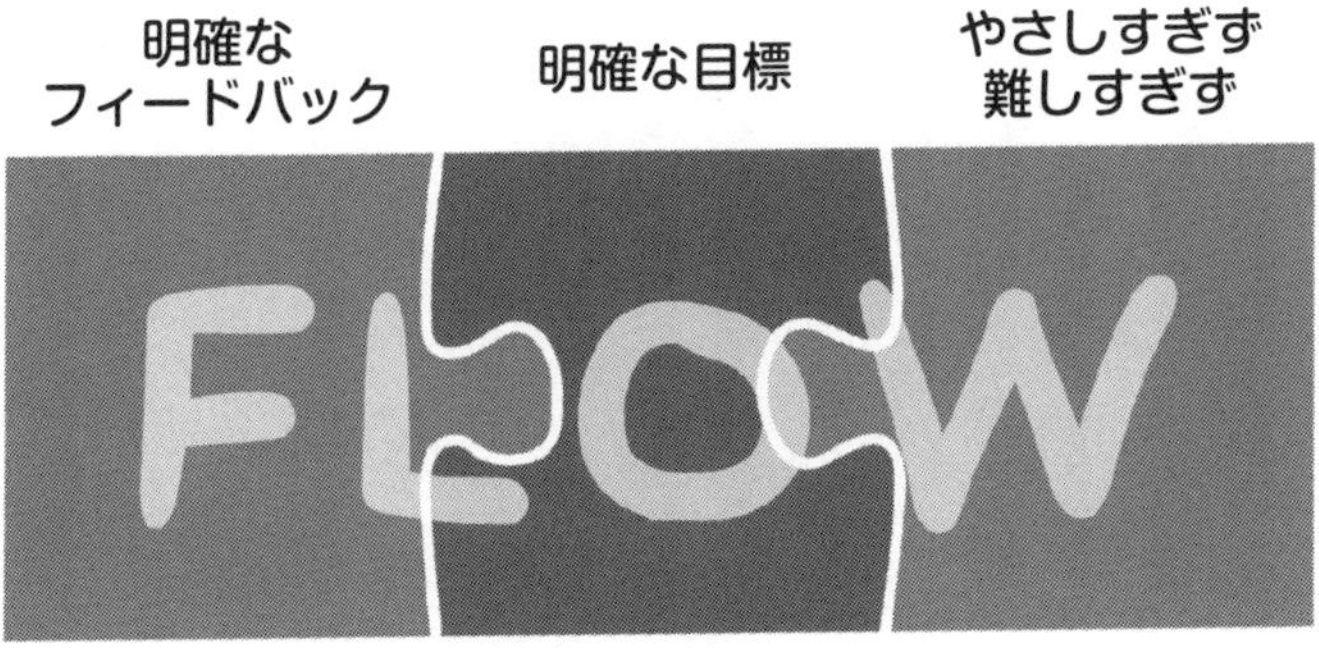

チクセントミハイはこの状態をフローと呼んだ。フロー状態になると、人は一つのタスクにすっかり没頭する。今その瞬間にだけ意識を向け、すべてを完全にコントロールしているように感じる。時間感覚が崩れ去っていく。

ゲームデザイナーは、フローを促す体験を開発しようと熱心に取り組んでいる(6)。ゲームであれほど満足感が得られるのは、これが主な理由だ。プレイヤーが完全に集中しやすいように設計されているのだ。

フロー状態に入るには、3つの要素が必要だ。

1. 明確な目標：明確に定義された目的がある。
2. 明確なフィードバック：試行錯誤しながら改善策を見つけることができる。
3. ゴルディロックス的なチャレンジ：課題は簡単すぎず、難しすぎない(7)。

ゲームデザイナーから
学ぶことは多い。
彼らが作り出す体験は
子供たちを魅了し、
たとえ失敗しても
挑戦し続けようという
気にさせる。

最も重要なことは、フローがゲームを本質的にやりがいのある体験に変えるということだ。人々がフローを求めるのは、それが楽しいからであり、トロフィーやその他の報酬を獲得するためではない。

ゲームデザイナーは、こうした戦術をすべて駆使して、プレイヤーの注意を完全にゲームに向けさせる。集中力はありのままの意志の力によるものだと考えがちだが、ゲームデザイナーは、私たちの脳をフローに引き込むような文脈を巧妙に作り出すことで、私たちの集中力を勝ち取っている。

子供たちはビデオゲームで、批判的に考える力、問題解決力、立ち直る力、戦略、協調性などの複雑なスキルを学ぶ。では、なぜこれほど多くの子供たちが、学校の授業で学ぶのに苦労しているのだろう？　ゲームとは異なり、学校の授業はフローを想定して設計されていないからだ。

■ 素晴らしい授業計画があったとしても、子供たちにとって目標が明確でない。
■ フィードバックが曖昧《あいまい》。不満げな教師の態度を見ても、子供たちにはその理由がよくわからない。
■ 課題が一人ひとりに合うようにカスタマイズされていない。ある子にとっては簡単すぎるし、ある子にとっては難しすぎる。

悲しいことに、新しい傾向が事態をさらに悪化させている。教師が、課題を終わらせたり、学級活動を上手くこなした優秀な生徒に、ポイントや賞を与えるのを思い出してほしい。こうしたシステムは、学校の授業に表面的にゲーム的な要素を加えることで、フロー状態を呼び込むためのいくつかの条件を満たしているかのように見えるが、本物のゲームを魅力的なものにしている本質が、すっぽり抜けている。

●ゲーム化か、ポイント化か？

世界中の教師が、教室でゲーム化を取り入れようとしている。壁に貼られた生徒のスコアボードや、机の角にいっぱい貼られたステッカーを見てほしい。私たちは、良い行いと引き換えにピザパーティを、勉強時間と引き換えに賞金をかけたゲームを与えているのだ！

そして、それは教師だけではない。親も家庭でこれらのテクニックを試している。

私も、母が部屋の掃除や宿題をさせるために、ステッカーを貼るシステムを取り入れようとしたのを覚えている。確かに、このシステムはうまくいった。一週間くらいは！

子供たちに必要なのは、無意味な報酬を獲得する方法ではなく、自分の興味と結びついた有意義なチャレンジなのだ。

アマゾン（Amazon）のような企業でさえ、従業員が仕事をよりエキサイティングにできるようにと、ゲーム化を試みている。あるジャーナリストの報告によると、「アマゾンの従業員の、注文の取りまとめや商品の移動といった身体的動作は、仮想ゲーム内の動きに変換される。つまり、例えば、誰かが商品を選んで箱に入れるのが速ければ速いほど、彼らの車は仮想の道を速く走っていく、といった具合だ[8]」。

このアイディアの目的は、アマゾンの施設での過酷で退屈な労働を、労働者にとってより興味深いものにすることだった。

しかし、こうした戦術はゲームではない。ランキングシステムを追加するだけで、生徒がもっと楽しく学ぶようになることは期待できない。子供たちが必要としているのは、意味のない報酬を得る方法ではなく、自分の興味と結びついた有意義なチャレンジなのだ。

要するに、こうした戦術はゲーム化と呼ばれているが、実際にはポイント（点数）化に過ぎない[9]。

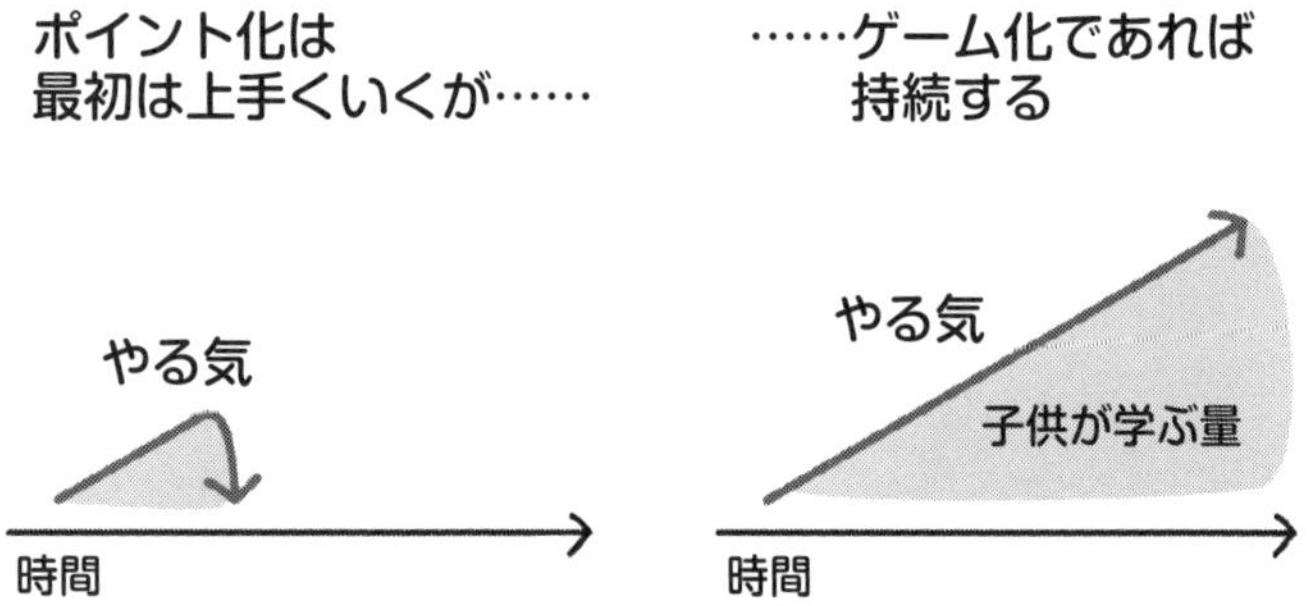
ポイント化は
最初は上手くいくが……
やる気
時間
……ゲーム化であれば
持続する
やる気
子供が学ぶ量
時間

ポイント化は、自由時間やおいしいおやつ、自慢する権利など、外からの動機づけと結びついている。ポイント、バッジ、スコアボードなど、ゲームから最も本質的でない要素を拝借し、それを体験の中心に据えているのだ。

問題なのは、ポイント化が機能しないことではない。それが持続しないことなのだ。

ポイント化は、短期的に何らかの行動を微調整するには役に立つかもしれないが、実際のスキルや知識を身につけるのに十分な期間は持続しない。ポイント化は、子供たちが学習への情熱を育むのではなく、報酬を好きになるように教えるからだ。

ポイント化は、ゲームが学習に効果を発揮する本質を欠いている。

本当のゲーム化は、まるで違ったものだ。

●ニューヨーク公共図書館でのゲーム

実際のゲームでは、プレイヤーは、将来もらえる賞金や報酬だけに動機づけられるわけではない。プレイヤーは純粋な興味からプレーすることを選択するのだ。ポイントや賞品を剝《は》ぎ取ったとしても、そのゲームは魅力的なはずだ。前出のマクゴニガルは、優れたゲームデザインの目標をこう説明している。

「私たちの能力を最大限に引き出し、完璧に注意を集中させ、成功できると楽観的に感じると同時に、確信が持てないからこそ、自分磨きと成長の余地があると感じ、好奇心を抱かせるような、完璧な状態のチャレンジを提供すること(10)」

パトリック・オショーネシーのポッドキャストで、マクゴニガルが語った事例が素晴らしい(11)。ニューヨーク公共図書館が、ある問題に手を貸して欲しいと、彼女に依頼してきたという。若者が図書館の建物に足を運ばなくなってしまったのだ。図書館では、本を借りたらポイントを付与し、分館を訪れたらバッジがもらえるようにして、問題を解決しようとした。だが、これこそがポイント化であり、上手くいっても、長くは続かない。

なぜだろう？

ポイントやバッジを提供しても、若い観客を本質的に惹《ひ》きつけることができないからだ。確かに参加する人はいるだろう。しかし、本を借りてポイントがもらえたからといって、図書館と有意義な関係を築ける人が、どれだけいるだろうか？

マクゴニガルの言葉を借りれば、「若者が、本当にやりがいのある挑戦だと思えるものは何かを見極め、その機会を与える必要があるのだ(12)」。

マクゴニガルは、本物のゲーム化の手法に基づいた解決策を思いついた。調べてみると、30歳未満のアメリカ人の92％が、いつかは本を書きたいと考えていることがわかった(13)。そこで彼女は、図書館で、若者を作家に仕立てるゲームを設計するよう提案した。

それは、立ち入りが制限された図書館の地下のフロアで、一晩かけて執筆に挑戦するというゲームだった。図書館は通常の業務時間外に参加者たちを招き、一般人が立ち入ることのできない地下の部屋に案内した。そして、その部屋に閉じ込めたのだ！

参加者はみな、本を書かなければ帰ることを許されない。ハードで極端な挑戦だったが、参加者たちは興奮し、何時間も図書館で過ごした。このゲームは、挑戦する価値のある、有意義な報酬を提供したのだ。参加者は図書館で過ごすことに心から惹かれ、図書館に対して新たな認識を深めた。

これこそ、真のゲーム化だ。プレイヤーたちは、自分の望みを全うした、という気分を抱いて帰っていった。ゲームの報酬が、彼らが本当に求めていたことと結びついていたからだ。

本物のゲームを作るコツは、参加者が何に興味を持っているかを把握し、その本当の課題や欲求にアプローチすることだ。つまり、プレイヤーをフロー状態に陥らせるような、没入感のある、やるがいのある課題を考え出すことだ(14)。

うまく設計されたゲームは、より多くの人を没頭させ、ワクワクさせ、より充実した学習をもたらす。これだけでも素晴らしいことだが、さらにすごいのは、優れたゲームは、失敗したときでさえも私たちを魅了し、興奮させるという点だ。プレイヤーは、敗北を繰り返しても、難易度の高いレベルにチャレンジし続ける。

その理由を探ってみよう。

スーパーマリオ効果

失敗を好む人はいない。しかし、ビデオゲームとなると、子供たちは失敗にほとんどの時間を費やしながらも、プレイを楽しんでいる。

ビデオゲームのどこに、失敗しても楽観的でいられる要因があるのだろう？

NASA《ナサ》とアップルの元エンジニアで、現在は科学系ユーチューバーのマーク・ロバーは、子供たちが何度失敗しようとも、ゲームをプレイし続ける理由を解明するために、ある実験を行った(15)。

彼は5万人の参加者に、コンピュータープログラミングのパズルに挑戦してもらった。パズルは二つの異なるバージョンを用意した。

一つのバージョンでは、参加者が失敗に終わると、「うまくいきませんでした。もう一度やり直してください」というメッセージが表示された。失敗しても減点はされなかった。

もう一つのバージョンでは、参加者が失敗に終わると、「うまくいきませんでした。5ポイントを失いました。現在残り95ポイントです。もう一度やり直してください」というメッセージが表示された。

失敗して減点された人が、パズルを最後までやり遂げた割合は、約52％。

失敗しても減点されなかった人が、最後までパズルをやり遂げた割合は、約68％だった。このグループの参加者が、パズルを解こうと試みた回数は、減点された人の2・5倍ほど多かった。

おしなべて、彼らは試行錯誤からより多くのことを学び、より良い結果を得た。

ロバーの実験でわかった重要な点は、間違っても罰を受けない場合、人は挑戦し続ける可能性が高いということだ。そして挑戦し続ければ、最終的に成功する可能性が高くなる。

間違っても罰を受けなければ、子供たちは挑戦し続ける可能性が高くなる。そして挑戦し続ければ、最終的に成功する可能性も高くなる。

簡単そうに聞こえるが、学校ではこんな風にはいかない。子供たちは学校で、もし挑戦して失敗したら、悪い成績というペナルティーを科せられ、永久的に記録に残ると教えられている。子供たちが失敗を気にせずに済むように、心配しないように、学習プロセスを見直したらどうだろう？　どれだけもっと学べるようになるだろう？　どれだけもっと成功できるようになるだろう？

マーク・ロバーはこれを「スーパーマリオ効果」と呼んでいる。「落とし穴（ミスや失敗）」ではなく、「お姫さま（最終目標）」に集中することで、課題に粘り強く取り組み、より多くを学ぶことができるのだ(16)。

スーパーマリオで重要なのは、何度トライしたかに関係なく、ゴールにたどり着き、ゲームに勝つことだ。間違いは、学習プロセスの一部と見なされる。子供たちは、失敗するたびに、次に

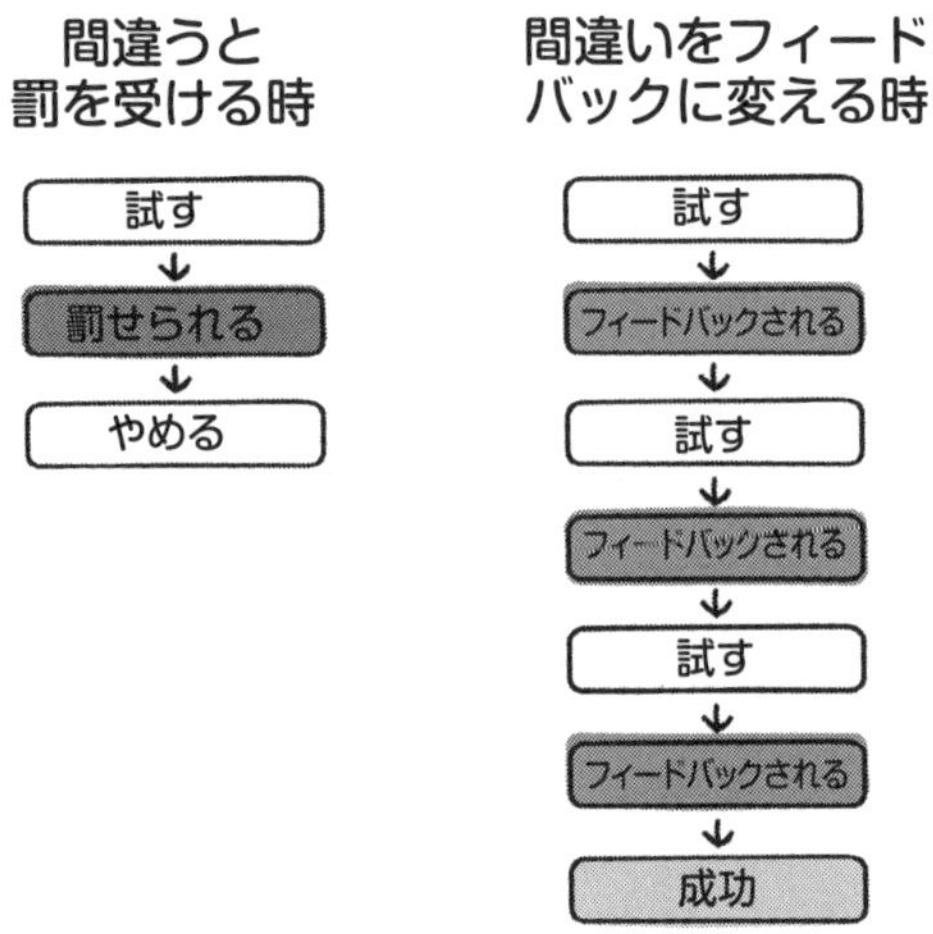

何をすべきかを見抜く。試行錯誤を繰り返すことで、子供たちは短期間で上達し、多くのことを学んでいく。

スーパーマリオ効果を使って学習課題を構成すると、子供たちは実際に学び続けたくなる。失敗を無視して、立ち上がり、もう一度挑戦することが自然に感じられるのだ。

私たちは間違いを犯し、そこから学ぶことを当たり前のことにする必要がある。

なぜなら、今日私たちが賞賛する人々、製品、アイディアのほとんどは、成功に至る過程で手痛い失敗をしているからだ。作家のJ・K・ローリングは、『ハリーポッター』の出版社を見つけるまで、12回も断られている(17)。発明家のジェームズ・ダイソンは、有名なダイソン掃除機を世に送り出すまでに、5216種類もの試作機を作った(18)。

教訓は明らかだ。成績を優先させずに、そこへ辿り着くまで何回挑戦しようと、子供たちに最終目標を追い求めさせることだ。

ゲームはその手助けをしてくれる。ゲームは、子供たちの意識を、目先の点数や成績にではなく、究極の目標のほうに集中させるのに役立つ。

子供たちが進歩する機会をたくさん得られるように、何度も繰り返すことができる環境を作ろう。

●ビデオゲームの恩恵

70％以上の子供が、毎日ビデオゲームをしている(19)。もちろん、この驚くべき統計は、何か非常に悪いことの兆候かもしれない。子供たちは、依存症になっているのではないか？

この疑いについては、次の章でもっと詳しく掘り下げるが、それまでの間は、とりあえず子供たちを信頼しておこう。彼らがビデオゲームを楽しむのには、それなりの理由があるのかもしれない。それは何だろう？

物理学者のデイヴィッド・ドイッチュ〈量子計算理論のパイオニア〉によれば、ビデオゲームは子供たちが考え方を学ぶのに役立つという。子供たちに、何らかの内容や特定のスキルを教えてくれるものは他にもあるが、ビデオゲームはもっと価値のあるもの、つまり世界との関わり方を教えてくれる。

ビデオゲームは基本的にシミュレーションだ。子供たちに、実生活を反映した複雑な問題を解く練習をさせる。ゲームに勝つために必要な思考力は、大人になってから成功するための土台となる。

例えば、起業家のトビ・ルークが「Shopify（ＥＣサイトを構築するためのプラットフォーム）」を立ち上げるのに、ビデオゲームが一役買った。〝スタークラフト〟などのゲームが、彼に戦略の立て方、リソースの管理、長期的な投資の方法を教えてくれたのだ。こうした知恵は、彼の最高経営責任者としての役割にそのまま反映された。

しかし、ゲームを通した学びには、特定の知恵を得ることよりも、遥かに大きなメリットがある。ゲームの本当の価値は、子供たちに独学の方法を教えることにあるのだ。

ドイッチュの言葉を借りれば、ビデオゲームによって「ビデオゲームを学ぶための知的技能（メンタルスキル）を身につけることができ、そのスキルは何を学ぶにも役立つ」のだ。

このため、ビデオゲームは今後の歴史において、人類の重要な学習手段となる運命にある、とドイッチュは述べている。

ビデオゲームは、これまで人類が手にしたことがなかったもの、つまり、「低コストかつリスクゼロでアクセス可能な、双方向型の複雑な実体」を提供する。

壮大な概念だ。ひとつひとつ紐解いてみよう。

1. 複雑さ

ビデオゲームからは、ほぼあらゆることを学ぶことができる。本と同じように、人間の知識を保存し、伝達する方法なのだ。本もビデオゲームも複雑さという点では同じだが、ビデオゲームは双方向型（インタラクティブ）でもある。

2. 双方向型

本とやりとりして訓練することはできないが、ビデオゲームならできる。行動を起こし、間違いを犯し、軌道修正することから学べるのだ。そういった意味で、ビデオゲームはピアノを習うのと似ているが、より優れている。

3. リスクゼロ

ピアノは双方向的だが、習得に時間がかかり、プロになれる人はほとんどいない。リスクが高いということだ。ビデオゲームは会話と似ている。巨額の投資を失うことを心配せずに、集中して取り掛かり、学ぶことができる。しかし、子供にとって会話には代償が伴う。

4. 低コスト

子供たちは、大人と話をすると愚か者扱いされたり、トラブルに巻き込まれるのではないかと怖がっている。本来、そんな風に感じるべきではないのだが、学校でそれを刷り込まれてしまう。ビデオゲームなら、コストはほぼゼロだ。たくさん間違いを犯し、試行錯誤しながら学び、遊び続けることができる。

もしかしたら、学習の構築の仕方をゲームに似せたものに見直すべきかもしれない。子供たちに、マリオカート、マインクラフト、ロブロックスの腕前を上げさせるのに、親は苦労したりしない。教育も同じように設計したらどうだろう？

●学びのゲームを設計するための実践的なヒント

ちょっとした工夫で、学びをゲームそっくりにすることができる。教育を作業から遊びへ変えるための、5つの実行可能な原則を見てみよう。

第一に、プレイヤー（子供たち）の本当の興味を中心とした目標を設定すること
マクゴニガルは、こう述べている。「その人たちの能力を最大限に引き出し、それを達成した時に、意義のある壮大な達成感を味わえるような課題を探すのです」
例えば、課題用紙を使って字の書き方の練習をしたがる子供はほとんどいないが、物語を書くのが大好きな子供はたくさんいる！

第二に、子供たちが自発的に取り組めるよう、不必要な障害を取り除くこと
いろいろな意味で、これが作業と遊びの違いを生み出す要素だ。子供たちに何かを強制しているのか？ それとも、子供たちが選択する楽しい活動なのか？ そうやって考えた時、次の作文の課題の出し方は、どちらがゲームっぽく聞こえるだろうか？

■「お昼までに話を書き上げないと、iPad を使う時間は没収！」

■「おばあさんとカメについて、誰が一番とんでもない話を書けるかやってみよう！」

どちらも、子供たちに作文の練習をさせることに重点を置いているが、二つ目のほうが、はるかにうまくいく可能性が高い。この課題の出し方は、ゲームをする機会として提示されており、子供に作業を強いるものではないからだ。

第三に、適切な難易度を選択すること

作文の課題なら、文章の長さ、文字数、語彙《ごい》の難易度を調整することができる。簡単すぎず、難しすぎず、ゲームを設計しなければいけない。子供たちが退屈したり苛立ったりせず、集中し興奮しつつも、ちょっと戸惑うぐらいにしたい。

第四に、失敗から学ぶための信頼できるフィードバックシステムを作ること

このシステムは、ごくごくシンプルなもので構わない。子供たちに、自分が書いた物語を読んでもらって、あなたの感想を伝える。場合によっては、「どうすれば、あなたの物語がもっと良くなると思う？」と質問するのが一番効果的なフィードバックとなる。子供は自分自身の一番の批評家だ。

なによりも重要なことは、彼らの物語があなたが設定した基準に達していなくても、子供が何らかの形でないがしろにされたと感じないようにすることだ。少しでも恥をかくと、せっかくの経験が台無しになり、再挑戦する意欲をなくしてしまう。大切なのは、子供たちが進歩する機会をたくさん得られるように、繰り返し練習できる環境を整えることだ。

第五に、本物の報酬を設定すること

すでに説明したように、報酬は慎重に設計されなければ、フローを悪化させる可能性がある。例えば、子供が良い物語を書いたら、ご褒美としてiPadを使える時間を20分延長するとしよう。この場合、物語と報酬は関連性がない。その結果、iPadに気を取られて、学びに集中できない。

そうではなく、例えば、子供たちがおばあさんの話を書いているとしよう。その場合の良いご褒美は、自分で書いた物語を読んであげるために、おばあさんに会いに行く特別な旅だろう。このような、やる気をおこさせる報酬なら、気を散らすことなく、プロジェクトに没頭させることができる。

子供たちが失敗を気にしないで済むように、学習プロセスを見直したらどうだろう？

この5つの原則を使えば、学び方を根底から変えることができる。子供たちが退屈してイライラするような課題を作るのではなく、子供たちの興味に即した本物のゲームを作り、子供たちが深く掘り下げて実際の課題に取り組み、試行錯誤しながら学んで、その努力から本物の満足感を得られるようにするのだ。

ゲームの設計は、親や教育者に素晴らしい機会を与えてくれる。子供たちの真の興味につながる魅力的な体験を作り出し、失敗に直面しても前進し続けるよう促すツールを与えてくれるのだ。

しかし、ゲームには暗い側面もある。ゲームに中毒性はないのか？　攻撃的な行動を助長することも多いのではないか？　ゲームに熱中するあまり、子供たちが現実世界と関わらなくなったら？

では、次に、健全なゲームとは何かを検証してみよう。

12 健全なゲーム遊びの心理学

子供たちは1日あたり平均7・5時間も画面の前で過ごしている(1)。ビデオを見る、ソーシャルメディアをスクロールする、オンラインのチャットルームにのめり込む、ゲームをする、その他もろもろだ。こうした活動は、なぜそれほど魅力的なのだろう。危険な中毒性があるのか、それとも単に子供たちに自制心がないだけなのか。

この章では、子供たちが画面をみている時間（スクリーンタイム）を好む理由を探っていく。また、その深層心理的な要因についても説明し、子供たちにテクノロジーと健全な関係を築かせるには、どうしたらよいかを考える。そして、特にビデオゲームについて、子供たちが落とし穴を避けながら、その恩恵を享受するように促す方法を取り上げる。

しかし、その前に重要な質問に答える必要がある。

私たちを動機づけるものは何なのか？　そもそも、何が私たちを突き動かすのだろう？

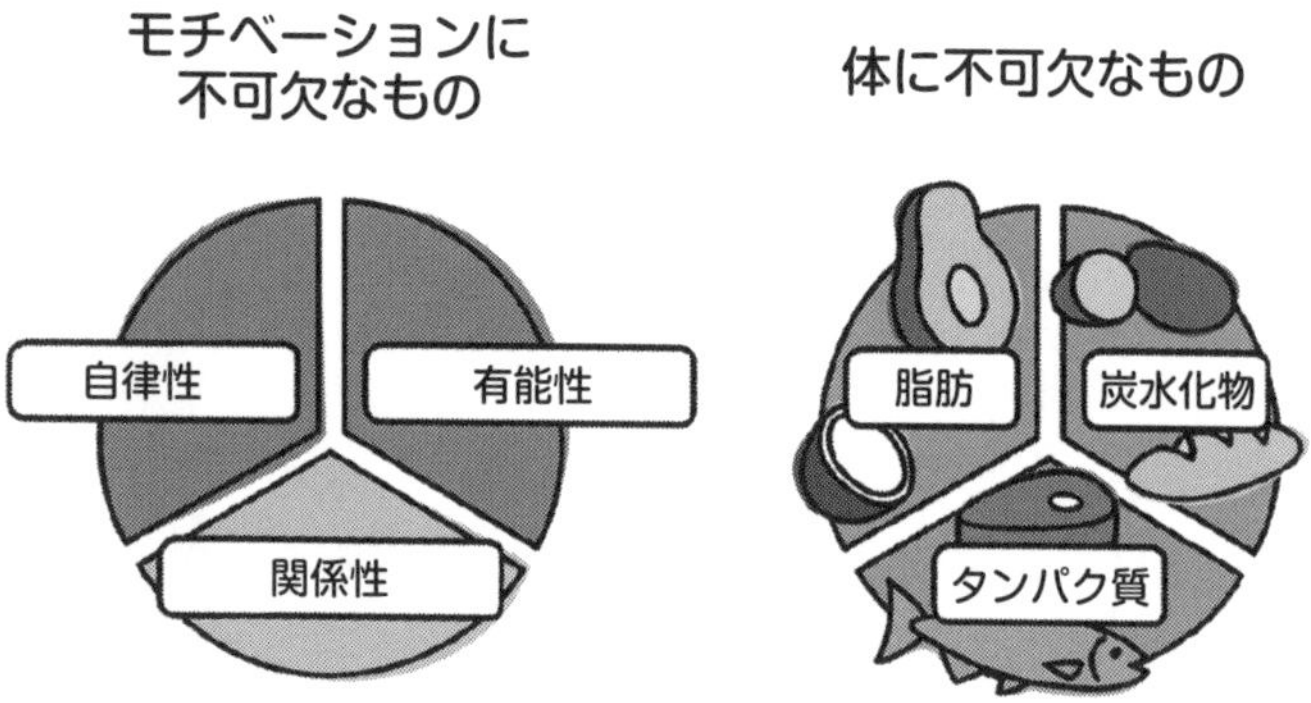

●モチベーションと自己決定

自己決定理論によれば、人間は次の3つによって動機づけられるという。

1．自律性：自分自身で選択すること
2．コンピテンシー（有能性）：スキルと知識を構築すること
3．関係性：志を同じくする仲間とのつながり(2)

私たちの体がタンパク質、炭水化物、脂肪を欲するように、私たちはこうした経験を切望している。正しく食事をしなければ、身体は壊れてしまう。同じように、自律性、有能性、関係性によって養わなければ、私たちの精神的な健康が損なわれてしまう。

残念ながら、多くの子供たちは、このような必要不可欠な経験を十分に積んでいない。作家でビジネスコンサルタントのニール・イヤールは著書『Indistractable（邦題：最強の集中力）』の中でこう述べている。

「子供たちが起きている時間の大半を過ごす学校は、さまざまな意味で、子供たちが有能性、自律性、関係性を感じるのとは正反対の場所だ(3)」

この問題は、興味深い疑問を提起している。子供たちは、オフラインの世界で自律性、有能性、関係性を見つけられないから、それを補う物をオンラインで探し求めているのではないか？この考えを、学校での子供の日常生活と、ネットで費やす時間を比較しながら紐解いてみよう。

学校生活でのモチベーションとオンラインでのモチベーション

1. 自律性

学校では、ほとんどすべてが厳しい規則に則《のっと》って計画されている。子供たちは、何をすべき

学校生活でのモチベーションとオンラインでのモチベーション

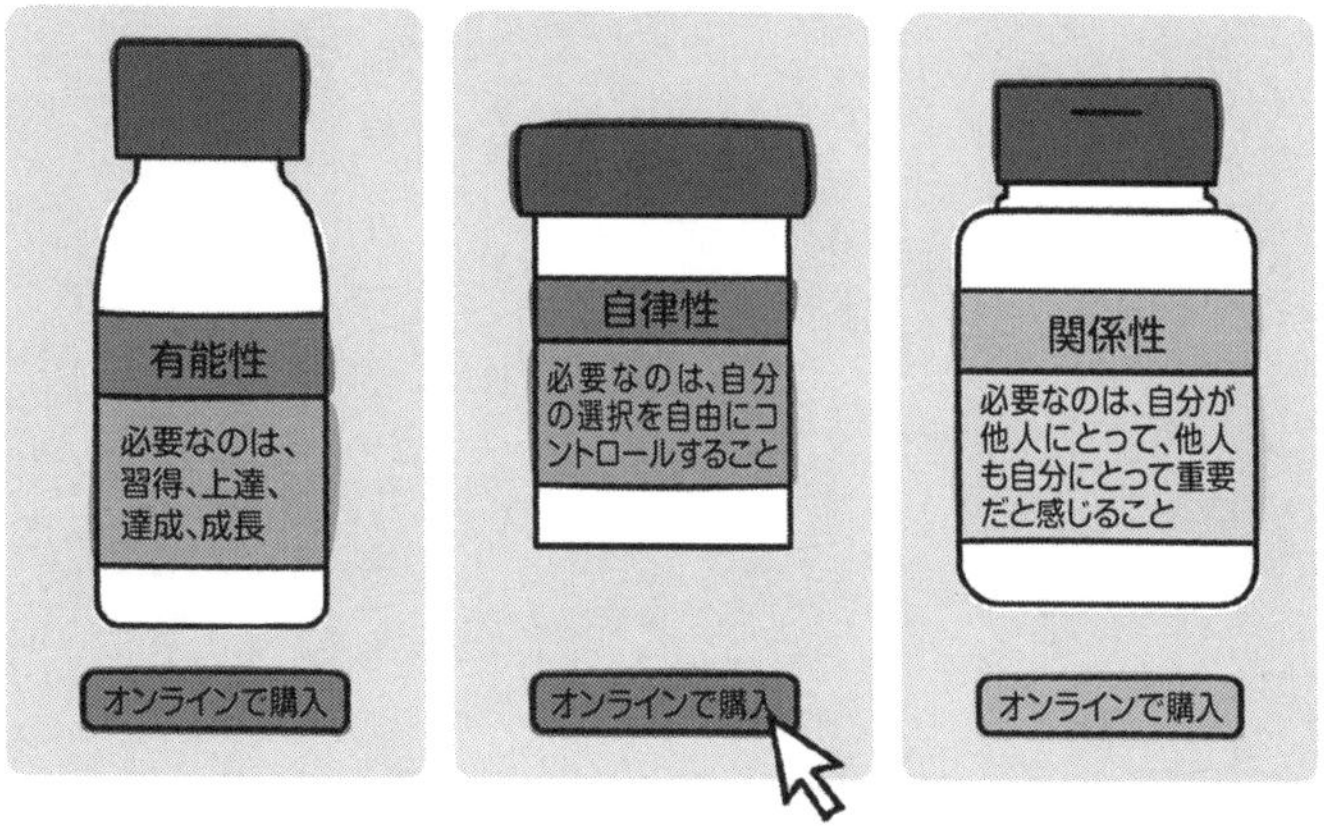
有能性
必要なのは、習得、上達、達成、成長
オンラインで購入
自律性
必要なのは、自分の選択を自由にコントロールすること
オンラインで購入
関係性
必要なのは、自分が他人にとって、他人も自分にとって重要だと感じること
オンラインで購入

か、何を考えるべきか、そして何を着るべきかさえ指示されるのだ！

ある調査によると、平均的な子供は、収監された重罪犯の2倍もの制約に縛られているそうだ（本当にどうかしている！）(4)。

それと対照的に、オンライン上で子供たちは、たくさんの自律性を手にしている。（誰と何をして遊ぶかなど自分で選択し）、興味のあることを深掘りし、（自分はどんなアバターにするかなど）自分で決断を下すことができる。大人からの管理や監視を受けることも少ない。

2. 有能性

子供たちは実にさまざまだ。全員が同じ方法で学ぶことを期待したり、ひとつの枠に押し込めることはできない。最近の、数値化や標準値、画一的なカリキュラムへの偏向のせいで、子供たちは学校で、自分の能力を実感することが難しくなっている。

インターネット上では、子供たちは好きなことを何でも学ぶことができる！ 新しいテーマを自分で学べるので、自分で学ぶ能力に自信が持てるようになる。多くの子供たちがビデオゲームに熱中する。ビデオゲームは、特に有能性と達成感を与えるように設計されているからだ。

3. 関係性

親が子供を学校に通わせる主な理由のひとつは、友達を作って社会性を身につけさせるためだ。しかし、残念ながら、学校では以前のように生徒同士が交流する時間があまりない。ぎっしり詰まったスケジュールと、膨大なカリキュラムのせいで、子供たちが遊んだり、つながりを築く余裕がないのだ。

一方、インターネットは気の合う仲間を見つけるのに最適だ。インターネットは大きな遊び場のようなもので、人々が共通の興味でつながることができる。子供たちは自由な遊びを通して友情を築き、ゲームに没頭したり、自分たちで選んだプロジェクトに取り組んだりして、何時間も一緒に過ごすことができる。

子供たちがオンラインで多くの時間を費やすのも不思議ではない！　日常生活で不足しがちな自律性、有能性、関係性を与えてくれるのだから。

しかし、画面の前で過ごす時間が、ストレスや興味の大切な発散手段から、不健康な強迫観念に変わってしまったら、どうなるだろう？　では、画面を見て過ごす時間が生活を支配し始めたときに、子供たちを助けるための7つの戦略を見ていこう。

●子供たちが画面の前で過ごす時間をうまく使いこなせるように助ける

まず、画面を見て過ごす時間の長所と短所を一緒に話し合う

きちんとした理由もなく、画面に向かう時間のルールを決めてしまう罠に陥りがちだが、それではあっという間に子供たちをイラつかせてしまう！　そうではなく、まずはテクノロジーと、その恩恵や代償についての会話を始めてみよう。目標は、子供たちが自分自身でオンラインの使い過ぎに対処する方法を学び、大人の目がなくても、自分自身で管理できるようにすることだ。

第二に、子供たちの葛藤《かっとう》を理解していることを示す

例えば、「一日中あれこれ指図されるのは大変だろうね。〝マインクラフト〟をプレイする時は、自分でやりたいことを選べるから、気持ちいいだろうね」みたいな言葉をかけてみよう。子供たちは、理解されていると感じれば、こちらの提案を受け入れやすくなり、より良い時間の過ごし方を計画できるようになる。

第三に、自分も同じような困難に直面していることを知らせる

例えば、「朝、スマホで時間を無駄にしすぎていることに気づいたわ。今度から目が覚めたら、スマホの代わりに本を読むことにするわ」という感じだ。テクノロジーの適切な使い方のお手本を見せるのだ。弱さを曝《さら》け出すことで、信頼が築かれる。

第四に、自律性を後押しする方法で、画面を見ている時間に対処する

子供の自律性を制限するルールを、これ以上増やさないこと。その代わりに、協力し合って画面を見て過ごす時間に境界線を引く。ただし、否定的な側面からだけで、子供のオンライン活動に関心を持つのはやめたい。制限することを勧める前に、オンラインで一緒に時間を過ごして、彼らが楽しんでいることに興味を持ち、彼らが大切にしていることを尊重するようにしよう。

第五に、現実の世界で充実感が得られる機会を提供する

子供たちに、オンラインだけでなくオフラインでも、自律性、有能性、関係性を楽しむ機会を与えるのだ。大人主導の活動は制限して、自由な時間をたっぷり与え、たくさんの趣味を探究させ、友だちと遊ぶ時間をいっぱい企画してあげよう。

第六に、創造活動を促し、消費活動を減らす

子供たちが実際にオンラインで時間を過ごすときには、学んだり、作ったり、交流したり、創り出すように仕向ける。目標は、猫動画を視聴している時間を減らして、プログラミングを学ぶ時間を増やし、ソーシャルメディアをスクロールする時間を減らして、コンテンツを作る時間を増やすことだ。

第七に、より良い肯定的な選択肢を用意する

子供たちに画面から離れるように頼む時は、彼らがもっと良いことに「イエス」と言える状況を作っておく。家族団らんの時間を、充実した魅力的なものにすれば、子供たちは携帯電話を恋しがらないだろう。

子供たちが画面の前で過ごす時間の長さにイライラする前に、落ち着いて考えることが大切だ。子供たちの動機は何なのか？　彼らが求めている体験を享受できるより健全な手段は、どうやって見つければいいのだろうか？　前出のニール・イヤールは言う。

「子供たちがテクノロジーを使いすぎている本当の原因を知ることは、気を紛らわせることで不快感から逃避するのではなく、立ち直る力を子供たちに身につけさせるための第一歩となる。子供たちは、自分が理解されているとさえ感じれば、最適な時間の過ごし方を計画し始める」(5)

平均的な子供は、
収監された重罪犯の
2倍近くの制限に
縛られている。

目標は、子供たちのオフラインとオンラインの世界を、健全で充実した形で結びつけることだ。

●健全なゲーム活動にするために

では、ビデオゲームについてはどうだろう？

長い間、研究者や懸念を抱く親たちは、ゲームの危険な影響を心配してきた(6)。子供への中毒性はないのだろうか？　ゲームに時間を費やしすぎるあまり、現実世界での人との関わり方を学べなくなったらどうしよう？

また、一人称視点でのシューティングゲーム（ＦＰＳ）はどうだろう。子供たちは、人間に見えるキャラクターを殺すことに、何時間も費やしている。暴力的な行為を助長するのではないか？

子供たちは、オフラインの世界で自律性、有能性、関係性を見つけられないから、それを補うものをオンラインで探し求めているのではないだろうか？

ビデオゲームデザイナーのジェイン・マクゴニガル（前出）は、500以上の研究論文をメタ分析した(7)。ビデオゲームが若者にとって、有益であるにしても、有害であるにしても、その原因を理解したかったからだ。彼女は、親が子供に健全なゲームの仕方を促す上で、役に立つ四つの戦術を提案している。

まず、子供たちが何かから逃避しようという気持ちでプレイしているのか、それとも目的を持ってプレイしているのか見極める

そもそも、子供たちがなぜゲームをしているのかという点が、重要な決定要因であることにマクゴニガルは気づいた。現実から逃避するためか？　それとも、自分とって大切な目標を追い求めるためか？

現実逃避、つまり不快な感情を遮断したり、ストレスを避けるためにゲームをする子供は、ゲームのスキルを実生活に生かすことが非常に難しい。こうした取り組み方は、うつ傾向を強め、社会からの孤立を悪化させ、場合によっては依存症につながる。

一方、友人や家族と充実した時間を過ごすためや、新しいことを学ぶため、スキルを向上させるためなど、目的を持ってゲームをする子供たちは、ゲーム内での強みを現実世界の状況でも発揮することができる。

第二に、子供のゲーム時間を、週に21時間以内に抑えさせること

ゲームは、一日あたり3時間、週に21時間までなら、精神的にも感情的にも有益だ。週に21時間を超えると、ゲームの恩恵は減少し始め、健康や人間関係、現実の目標に悪影響を及ぼすようになる。これまでのところ、週21時間未満しかビデオゲームをしない人（子供も大人も）に、悪影響があるという研究はない。

第三に、順序を逆にすること

まずゲームをしてから、勉強をする。子供たちが勉強したことをより定着させたいなら、まずビデオゲームをして、それから寝る前に勉強すべきだ。直感に反している気がするが、研究によると、私たちが眠りにつくとき、脳は直近で解決しようとした最も重要だと思われる問題に焦点を当てる（ドラマ「クイーンズ・ギャンビット」を思い浮かべるといい）。だから、順序を逆にして、まず遊んでから、次に勉強するようにしよう。

第四に、子供たちには、オンラインで見知らぬ人と攻撃的で競争的なゲームをしないように勧める

オンライン上での、見知らぬ人との過度の競争は、特に〝コール・オブ・デューティ〟のような、支配や破壊といった激しいテーマを掲げたゲームでは、社会的な悪影響を及ぼす可能性がある。ただし、実際に相手のことを知っている人と〝コール・オブ・デューティ〟をプレイした場合は、敵意や攻撃性が高まるという研究結果は出ていない。

ビデオゲームの影響は、見知らぬ人と対戦する場合と、知っている人と対戦する場合では異なる。時として、私たちは見知らぬ人の人間性を無視することがあるからだ。

経験則として、子供たちがプレイ時間の半分以上を、オンラインで見知らぬ人と競うことに費やさせないことだ。友人や家族を打ち負かしたり、あるいは見知らぬ人と協力してプレイする方がよっぽど良い。

子供たちが画面の前で過ごす時間が心配になると、すぐに行動に移して、厳格なルールを課したくなるが、このやり方は往々にして問題をさらに深刻化させてしまう。子供たちが有意義な自律性、人間関係を経験する機会を、気がつかないうちに奪ってしまうかもしれないからだ。

私たちはむしろ、時間をかけて、子供たちがなぜデバイスを使っているのか、どのように利用しているのか、そして、何が子供たちの成長にとって健全で、何が健全でないのかを具体的に理解すべきだ。

一番大切なのは、そのプロセスに子供たちを参加させることだ。

子供たちのオフラインとオンラインの世界を、健全で充実した形で結びつけよう。

私たちは子供たちに寄り添い、発言権を与え、テクノロジーの長所と短所を一緒に学ぶ必要がある。現実の世界で、どのように自律性、関係性、有能性を経験できるか、前向きな例を示すことで、解決の一端を担う必要がある。

子供たちに、テクノロジーやビデオゲームと健全な関係を築かせることで、彼らに内なる充足感と自信をもたらすだろう。充足感と自信こそが、ゲームにおけるリスクを取る上で重要な感情なのだ。

PART 4

成功する子どもを育てる学びのゲーム

13 リスクを恐れずゲームに参加する

人生において、私たちの選択は良くも悪くも結果をもたらす。私たちはその結果に責任を持つべきだ。そうでなければ、失敗から学ぶ可能性が低くなる。

言い換えれば、リスクを伴ったゲームに関わる必要があるということだ。

トレーダーで不確実性の研究者であるナシーム・タレブは、こう表現している。

「意思決定を行う者は、そのリスクも背負うべきなのだ(1)」。良い結果を出した時だけ報われるべきではない。物事がうまくいかなかったとき、その影響を処理する責任も負うべきなのだ。リスクを負う覚悟がなければ、誤りを正したりはしない。

この章では、子供も親も、教育というゲームにもっと積極的に関与すべき理由を説明する。子供たちは自分の選択について、もっと意思決定し、その結果と向き合う機会が必要だ。親は子どもの学びにもっと責任を持つ必要がある。そうすることで、子供も親もより充実し、より積極的に参加し、より多くのことを学び取ることができるだろう。

●子供たちがリスク込みでゲームに参加すること

一見すると、学校は子供たちに責任を持たせているように見える。例えば、成績の悪い子供には悪い成績がつく。確かに成績表は子供たちに、何らかのリスクを負わせるが、そもそも、これは子供たちが納得して始めたゲームではない。学校でだけ通用するリスクを伴ったゲームなのだ。そして、子供たちにとって、この学校というゲームは、人生というゲームに比べたら、はるかに重要度が低い。

子供たちは本物に飢えている。これ以上の課題プリントや宿題は望んでいない。現実の世界が反映された問題を解きたいのだ。

子供たちは、自分にとって重要な事柄に賭けてみたいのだ。

しかし、現実の問題に取り組ませるということは、自分の決断の結果に向き合わせることでもある。結局のところ、実生活で選択をする際に一番難しいのも、そこだ。うまくいかなかった時、結果に対処しなければいけないということだ。

傍目《はため》には、恐ろしく感じるだろうが、リスク込みでゲームに参加することは、実際に学習の上でも大きなメリットがある。

まず、ゲームに参加することで、本物の学びのための適切な条件が整う

賭け金（代償）が高くなると、私たちの身体はすべてのエネルギーを脳に向け、精神的な視野がクリアになり、考えることに集中し、やる気がフル回転する。

第二に、ゲームに参加することで学習がより記憶に残る

私たちの脳は、つらい経験から学んだことを神経ネットワークに焼き付ける。そして、その教訓は一生消えないのだ！

子供たちは本物に飢えている。
自分たちにとって重要な事柄に賭けてみたいのだ。

第三に、ゲームに参加することで、学習がよりエキサイティングなものになる

タレブは、学校では統計学など気にも留めなかったが、その後、金融商品のオプション取引について学ぶと(2)、突如として、確率の知識が、何百万ドルを得るか失うかの分かれ目になったのだ！

もちろん、より良い教育の鍵は、子供たちに巨額の投資ポートフォリオを任せることではない。人生を変えてしまうような失敗の可能性なしで、現実と似たリスクの高い状況を経験させる方法が求められる。

それこそがまさに、前出のジョシュ・ダーンが「シンセシス」のために作り出したものだ。第10章で見たように、シンセシスは、複雑な課題や難題を子供たちに解決させることから始まった。例えば、「教師、消防士、兵士、警察官、市長に、それぞれ1ドルから5ドルの範囲で（給料を）支払うとする。あなたが一番多く払う相手は誰ですか？　その理由は？」。

子供たちが、こうした質問に論理的に答えることに驚かされる。彼らは（この町の規模はどれくらい？　この先生は生徒思いだろうか？　この警察官は地域住民に敬意を払っているか？　など）非常に厳しい選択を秤《はかり》にかけ、それぞれに対する相対的な価値を割り出し、自分の意見を証拠で裏付けなければならない。

難題は子供たちに、何かを得るために何かを犠牲にする場合があることを理解させ、正解のない世界での意思決定や判断を迫る。そして、子供たちに微妙なニュアンスに富んだ説明を作らせ、自分たちの住む世界が、白か黒かではないことに気づかせる。

子供たちは現実の世界が反映された問題を解きたいのだ。

難題は素晴らしいものだが、ジョシュは、子供たちが自らゲームに参加したほうが、より多くのことを学べると直感した。そこで彼は、難題を競争型シミュレーションに変えた(3)。

ジョシュの元々の難題では、学習が対話の域を越えることは、めったになかった。しかし、より高度なシミュレーションでは、子供たちは自分のアイディアを実行に移し、その結果に対応する実践ができた。本物の勝者と敗者がいるのだ。競争が本当のリスク（代償）を生み出したのだ！

例えば、シンセシスの「アート・フォア・オール」というゲームでは、子供たちは（パソコン上で）さまざまな作品に入札して競り合う。ゴールは、人々がチケットを買って見に来てくれるようなコレクションを収集することだ。しかし、入札額が高すぎると、お金を無駄にし、利益が出ない。入札額が低すぎると、最高の絵画をすべて他のチームに取られてしまう。このシミュレーションでは、生徒たちは戦略を練り、機転をきかせ、迅速に決断しなければならない。

最も重要なのは、シンセシスのシミュレーションが、楽しく解決できる問題を子供たちに与える点だ。生徒たちは、映画スタジオの運営、宇宙の植民地化、海での漁業など、さまざまなことに挑戦する。問題が興味深いうえ、自分でその結果に投資することで、子供たちは学んだことが身につく。

シンセシスのシミュレーションは、子供たちにユニークな機会を提供する。子供たちは、長期にわたって影響を及ぼすようなミスを犯す恐れのない、本物の賭けを伴う、現実の世界そっくりのリアルな問題を解く練習ができるのだ。

子供たちには、こうした機会がもっと必要だ。実物そっくりの決断を下すだけでなく、物事が予想通りにならなかった場合の対応も練習する機会が必要なのだ。

やはり、それこそが、彼らが大人になって直面する最も手強い困難だからだ。自分の選択が予期せぬ結果を招いたとき、どうするべきか？　このような問題に取り組んだことのない子供たちが、実社会でそれに対処できるとは思えない。

●親がリスク込みでゲームに参加すること

リスクを取ってゲームに参加すべきなのは、子供たちだけではない。親も参加すべきだ。たいていの親は、子供を学校に送り出し、最善の結果が出るように願う。しかし、子供の教育をすべて学校システムに丸投げするのは、良い考えではない。リスクを取ってゲームに参加するということは、他人任せにせず、もっと深く関与するということだ。

それは、学校や教師に頼ってばかりいないで、少しは親が自分で子供に教えるということかも

子供の教育の一翼を
親が担うことで、
比較的短い時間を
最大限に活用して、
彼らの将来に影響を
及ぼすことができる。

しれない。

では、なぜ親が責任を持ってゲームに参加することが重要なのか、具体的に四つの理由を見てみよう。

第一に、子供たちにもっと安定感を与えることができる

学校では、子供たちは常にクラスからクラスへ、学年から学年へと移動させられる。こうした変化はすべて、自分は理解されず誤解されていると子供たちに感じさせてしまう可能性がある。しかし、親が子供の教育に深く関わっていれば、子供たちは首尾一貫性を感じることができる。自分たちのことをよく知り、長所や短所、才能や伸び代を理解している、親からの一貫した思いやりのある助言を得ることができる。

第二に、親がもっと実態を見抜く力を得られる

標準テストや専門家の意見は、親が自分で自分の子供を教えることで得られる知識には到底かなわない。結果的に、ゲームに参加することで、子供たちに優れた教育を受けさせるために必要な困難だが必要な選択をすることが、ずっと容易になる。子供と連携して、一人ひとりに合った、そして準備万端な大人へと導けるような決断を下すために必要な洞察力を得られるからだ。

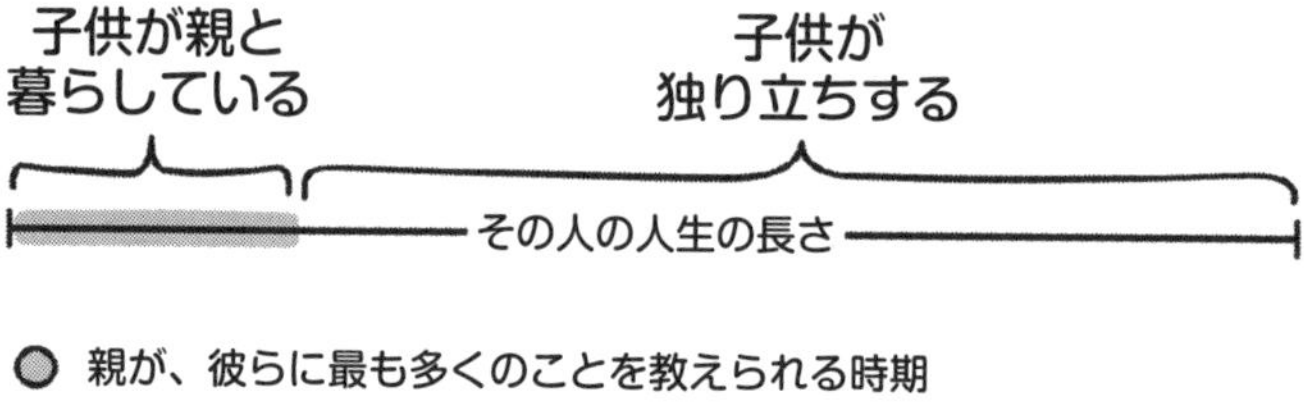

子供たちには、決断を下し、自分の選択の結果と取り組む機会がもっと必要だ。

第三に、子供たちの学習のギャップを埋めるのに役立つ

教師は何十人もの子供を教育する責任がある。優秀な教師は、生徒一人ひとりに対応しようとするが、できることは限られている。必然的に、置いていかれる生徒もいれば、足踏みさせられる生徒もでてくる。しかし、親が子供の教育に参加すれば、もっと一人ひとりに合わせた学習経験を提供することができる。子供の好きな教科にもっと力を入れて、伸び悩んでいる時には、さらに手を差し伸べることができる。

第四に、子供と一緒に過ごす時間を最大限に活用できる

子供たちは、人格形成期のほとんどを親と共に過ごす。親が子供と協力して、その後の人生の準備をさせる、またとない機会なのだ。しかし、子供たちに影響を与えることができる時期は、あっという間に過ぎ去ってしまう！　子供の教育に積極的に関わることで、彼らの未来に直接影響を与えられる、限られた時間を最大限に活用することができる。

以上、四つの理由を挙げて、なぜ家庭で子供の教育を補うことが重要なのかを見てきた。次に、それをどのように行うかを見てみよう。

●親がゲームにもっと積極的に参加する方法

教えることは、ほとんどの親を不安にさせる。その多くは既に、仕事や家庭の用事で忙しく、スケジュールがびっしり詰まっていることも珍しくない。また、教育者のプロではないため、自信が持てない人もいる。

心配するのも、もっともだ。しかし実際には、子供の教育に一役買うのに、教育学の学位や空

ゲームへの関わり方の分布

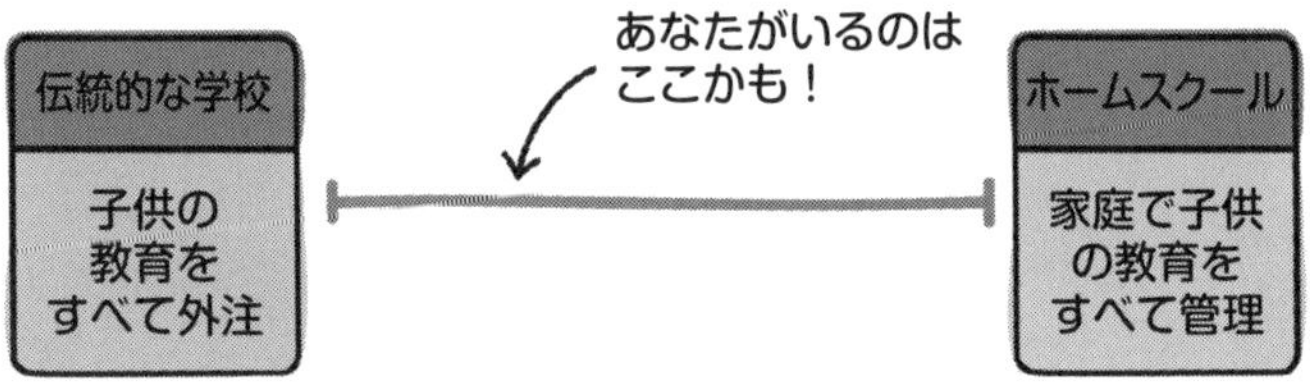

き時間がたくさん必要なわけではない。

ゲームへの関わり方は、幅広い選択肢から選ぶことができる。一方にあるのが、親がすべての教育を自分で行うホームスクーリング（ホームスクール）で、その対極にあるのが、親がほとんどの教育を他人に委ねる伝統的な学校だ。

目指すのは、できるだけ図の分布の左側から右側に移動することだ。ただし、ホームスクーリングまで行く必要はない。中間にはたくさんの余地がある。

中間の選択肢を検討する際には、次の5つのポイントを考慮しよう。

1．自分の子供に合った教育の選択肢を知る

リサーチを行い、意図的な決定を下す責任を負うこと。さまざまなプログラムや方法、オルタナティブ・スクールを試してみて、自分の子供に何が適しているか確認する。いくつかのお薦めについては、本書巻末の「(学校を辞めずに)システムから抜ける方法」を参照のこと。

2. 子供が家庭で学ぶテーマを選ぶ

一つの科目から始めることで、管理しやすくなる。自分が子供の頃に好きだったことや、子供がもっと学びたがっているものを選ぶと良い。歴史、文学、数学、プログラミングなどだ。週に数時間だけでも、大きな違いが生まれる。

たとえ間違ったことをいくつか言ったとしても、あなたは関与し続ける。それが重要なのだ。扱う分野について十分な専門知識がないのであれば、子供と一緒に新しいことを学ぶ機会と捉えよう。初心者同士でがんばろう!

3. 子供と一緒に情熱的なプロジェクトに没頭する

もしかしたら、あなたの子供はお菓子作りや建築、ウェブサイトのプログラミングが大好きかもしれない。子供が夢中になっていることを選んで、あなたも一緒にやる。子供がダンスをしたがったら、一緒に振り付けを考えるのだ。大切なのは、子供と一緒に成長し、前向きな姿勢を示しながら、楽しく続けることだ。

4. 子供の気が変わっても受け入れる

最高のオルタナティブスクールや科目、情熱的なプロジェクトを選んだとしても、子供がそれを嫌がったとしよう。その時は、諦めて前へ進もう！　あなた自身も、何か気に入らないことがあれば、辞めるだろう。子供にも同じ機会を与えるのだ。重要なのは、そのプロセスに、あなたが関わっていることなのだ。

5. 教師や学校、家庭教師を責めない

物事がうまくいかないと、責任を転嫁したくなるが、その罠《わな》にはまってはいけない。うまくいかない場合は、その問題に正面から向き合い、新しい解決策を見つけること。それこそが、〝リスクを取って積極的にゲームに参加する〟ことの基本原則なのだ。

簡単にできる、と言いたいところだが、そうはいかない。

しかし、努力するだけの価値は絶対にある。人生の他のことと同様に、最もやりがいのあることは、最も困難なものなのだ。

リスクを恐れずに積極的にゲームに参加するには、親側と子供側という二つの立場があること

を覚えておいてほしい。適切なバランスを保つためには、どちらも非常に重要だ。

親が子供の教育に一定の責任を負うことで、子供たちは恩恵を受ける。しかし、子供自身が学習の過程において、ある程度の主導権を握ることで、もっと恩恵は大きくなる。つまり、私たちは、子供を完全にコントロールしたり、過保護にしたりすることなく、子供と関わる術《すべ》を磨く必要があるのだ。

その鍵となるのが、打たれ強い子供たちに育てることだ。

14 打たれ強い子供を育てる

私たちは、子供たちに守られているという安心感を与えたいあまり、つい手を貸しすぎてしまうことがある。

その結果、私たちは、繊細でリスクを回避する子供たち、つまり、問題を解決して不快感から守ってくれる大人頼みの子供たちの世代と向き合うことになった(1)。

だが、子供たちは私たちが思っているほど脆《もろ》くはない。

この章では、過保護な子育てのマイナス面について見ていく。子供たちを困難やストレスから守ろうとする本能が裏目に出て、後の人生で失敗を引き寄せる可能性があることを説明する。最後に、子供を早期から、ほどほどのストレスや適切なリスクに触れさせておくメリットについても取り上げる。

●教室に潜む脆さ

子供が苦しむ姿を見るのは辛い。だから、子供が動揺している時に、大人が介入したくなるのは当たり前のことだ。しかし、時には、子供を守っているつもりでも、実際はそうでない場合もある。

拒絶、失敗、痛み、不快感は、私たちが生涯を通じて経験する感情だ。子供たちをそれから守ろうと躍起になるのは、いい考えとは言えない。早くから困難に直面し、耐えることを学ぶほど、その後の人生に対して、しっかり準備ができるのだ。

子供は私たちが思っているほど脆くはない。早くから、困難に直面し、耐えることを学ぶほど、その後の人生に対して、しっかり準備ができる。

私は自分の教室でこのジレンマを経験した。私は、ちょっとした挫折への対処にも苦慮し、わずかな失望感で打ちのめされてしまうような聡明な子供たちを教えていた。私は介入したい気持ちをグッと抑え、困難に自力で立ち向かってこそ、子供たちはより強い大人へと成長するのだと、自分に言い聞かせた。

子供たちは、困難や適度な痛み、低リスクの対立に直面することで、より強くなる。

しかし、一部の保護者にとって、事はそれほど簡単ではなかった。こう言ってきた親がいた。

「ファブレガ先生、どうか今年のタレントショーのオーディションを辞退するよう、娘を説得するのに手を貸してください。娘はどうしてもソロダンスをやりたがっていますが、まだ準備ができていません。娘が苦しむ姿を見たくないのです」

こう言ってきた親もいる。

「9・11の事件について話し合うとき、私の子供は同席させないでいただけると助かります。彼女は繊細なので、この事件に関する情報を知ってほしくないのです」

これは、保護者が子供たちを小さな挫折から守ろうとする、(数ある)例のほんの一部だ。良かれと思ってやっているとはいえ、このような介入は意図しない結果をもたらしかねない。こうした善意の行動と過保護との境界線は微妙だ。

親は、子供たちに自分で決断し、自分で考え、自分で問題を解決してほしいと願っている。しかし、何か問題が起こることを恐れて、子供たちに自主性を与えることに消極的だ。これは長期的には子供に悪影響を及ぼす。

過保護に育てられた子供は、大人の介入なしには失望感に対処できない。助けてもらうことに慣れているため、困難を目の当たりにすると、やる気を失ってしまう。自分ひとりでは何もできないと感じているため、自尊心の低さに苦しむ。

過保護は、子供たちに、なんでもしてもらえるという特権意識を植えつけると同時に、脆弱《ぜいじゃく》にしてしまう。

私たちは子供たちに、脆弱とは反対、つまり打たれ強い存在であってほしい。

打たれ強さが持つ力

アンチフラジャイル（反脆弱性：打たれ強さのこと）とは、前出のナシーム・タレブによって作られた造語で、ストレスや不確実性にさらされると、より強くなる性質を指す(2)。脆弱なものが、ストレスにさらされると壊れるのに対し、反脆弱性はストレスを必要とし、それによって成長する。

子供たちは、困難、適度な痛み、低リスクの対立に直面することで、より強くなる。失敗して、人生の浮き沈みを乗り越えていく自由を与えられたとき、彼らはベストを尽くす。

どんなに頑張ろうと、子供たちに起こる悪いことをすべて防ぐことはできない。

子供たちはアンチフラジャイルなのだ。

私たちの役目は、適度なストレスに直面した時に介入せず、彼らの反脆弱性を育み続けることだ！　いや、むしろそうなるように仕向けるべきなのだ！

私は自分の教室でそれを実践し、生徒たちが強くなっていく様子を見るのが大好きだった。些細な衝突に介入する前に、遠くから観察した。介入するときは、まず生徒に話をさせ、じっくり考えるように教えた。そして、私に助けを求める前に、自力で問題の解決を試みるよう促した。「もちろん、バスケットボールチームの入団テストを受けるべきよ！」と、リスクを冒して、挑戦するよう促した。

私たちがどんなに頑張ろうと、子供たちに起こる悪いことをすべて防ぐことはできない。彼らの人生をコントロールする力は私たちにはない。時には失敗し、時には苦しむこともある。しか

し、失敗や苦しみが慢性化しない限り、彼らはより強くなって前進していく。

子供たちに、不快な経験をさせ、扱いにくい人と付き合わせよう。学校やサッカーの練習など、比較的安全な環境で、多少の打撲やコブや傷を負わせよう。

早くから細菌に触れさせることで、より強い免疫システムが発達するのと同じで、困難な状況にさらすことで、子供たちは回復力をつけ、より自立し、自信を持った人間になる。

良い子育ては、良い教育と同じように、バランスを取る技術を習得することだ。目を光らせながらも、介入しすぎないことだ。子供たちに守られているという安心感を持たせつつ、あまりやりすぎないことだ。何もしないほうが、何かするよりも良い場

子供たちを困難な状況に
さらすことで、
回復力がつき、より自立し、
自信を持った人間になる。

合が多い。

初めのうちは、子どもにとっても親にとっても難しいことだが、将来、より強く、打たれ強くなった大人になった暁には、子供たちは親に感謝してくれるだろう。

アンチフラジャイルな（打たれ強い）子供を育てる目的は、ただ彼らを回復力ある人間にすることだけではない。確かにそれも重要な部分を占めているが、私たちが望むのは、子供たちが人生のあらゆる浮き沈みを乗り切ってくれることだ。

それと同時に、成熟した、倫理観のある大人になってくれることだ。苦労させることで、人格を形成する機会を与えているのだ。

次に、こうした、困難を克服していくストア主義的な性格を育む方法を見ていこう。


良い子育ては、良い教育と同じで、バランスを取る技術を習得することだ。

15 ストア主義的な人格を形成する方法

何千年もの間、教師は生徒に大きな目標を掲げていた。単に暗記力の高い賢い子供を望んでいたわけではない。生徒たちを善良で賢明な、強い意志を持った人間に育てようとしていたのだ。彼らの目的は、最も困難な時代でも、社会を未来に導いていく準備のできた、高潔な市民を作り出すことだった。そのための最も強力なツールとして、教師たちが頼っていたのがストア主義だった〔訳注：ここでは、ストイック＝「高潔な人格」という意味を思い浮かべていただければ十分です〕。

ストア主義は古代ギリシャで始まった哲学であり、その信奉者はストア派と呼ばれていた。当初は自然の仕組みに関する理論的な世界観だったが、数百年を経て、極めて実践的な人生の指針に変わった。ストア主義は、良い人生を送るための自制心、忍耐力、道徳的美徳の重要性を説いた。

歴史を通じて、ローマ皇帝マルクス・アウレリウスからアメリカ合衆国初代大統領ジョージ・ワシントンに至るまで、世界で最も偉大な指導者たちがストア主義を学んだ。今もなお、ビル・

クリントン元大統領をはじめ、ジェームズ・マティス元国防長官、女優のアナ・ケンドリック、アメリカンフットボールのコーチのニック・セイバン、作家のJ・K・ローリングなど、さまざまな分野で成功を収めている人物が、ストア主義を活用している。

今日、ストア主義を見出した指導者の話を耳にすると、ほとんどの場合、個人的なリサーチで、それにたどり着いたようだ。現代の学校では、教わることがまずないからだ。おそらく、「ストア主義」という言葉は、古めかしくて的外れに聞こえ、「哲学」は実用的でないように思われ、「美徳」という概念は時代遅れになってしまったのだろう。どんな理由であれ、私たちはストア主義を教育に取り戻すべきだ。

古いストア派の教えを見直し、生徒の学習体験において、人格形成を欠かせないものとすべきなのだ。

この章では、ストア主義における美徳の考え方と、それが子供たちにもたらすメリットを説明する。また、子供たちが、高い道徳心を備えた人格を育むために、現在使われている、四つの実践的なテクニックも紹介する。

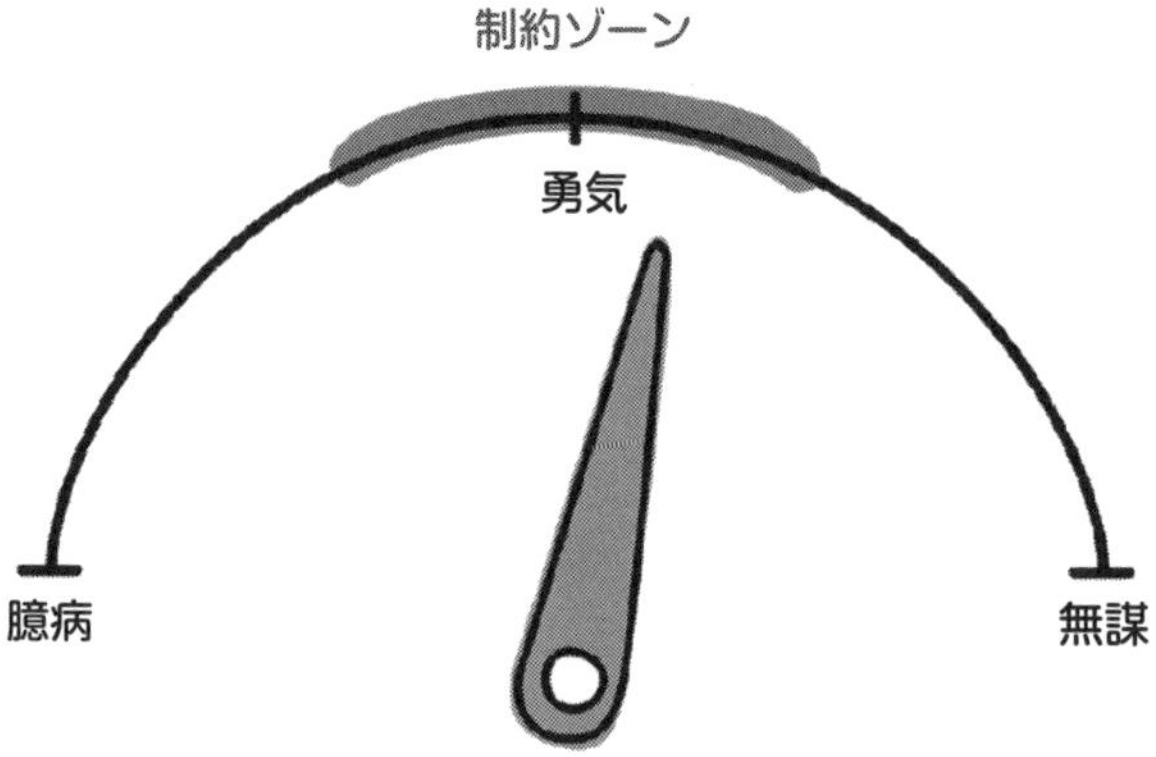

●ストア主義の四つの美徳

ストア主義の第一の美徳は、勇気だ

勇気とは逆境に立ち向かう勇敢さのことだ。決して怖がらないという意味ではなく、怖くても逃げずに行動を起こすということだ。自らを危険にさらし、リスクを取って取り組み、前へと突き進もうとする意志である。

ストア主義の第二の美徳は、節制だ

勇気は素晴らしいが、不必要なリスクを冒すのは行き過ぎになる。幅があるのだ。図の左端が臆病、右端が無謀、そして真ん中に勇気がある。私たちは怯《おび》えることなく、勇敢であるべきだが、愚行も避けるべきだ。それが節制というものだ。

ストア主義の第三の美徳は、正義だ

ストア主義にとって、正義は最高の美徳である。それは、私たちが自分自身のためではなく、他者のために存在することを意味する。私たちの行動はすべて、社会の利益に貢献するものでなければならない。自分もそう扱ってほしいと思う方法で他人を扱い、正直に、敬意と公正さを持って行動しなければならない。

ストア主義の第四の美徳は、知恵だ

知恵とは、哲学を実生活で活かすことを意味する。勇気の適正な量はどれくらいか？　この状況で公正に振る舞うにはどうするか？　知恵はこうした問いに答えを出す助けとなり、美徳についての考えを実行に移し、長期的な利益をもたらす選択をするのに役立つ。

勇気、節制、正義、そして知恵。これらは、私たちの正しい決断を導くための四つの強力な原則だ。しかし、これらの美徳を、子供たちが頭で理解するだけでなく、実生活で活用するものへと飛躍させるには、どうすればいいだろう？

次に、あなたとあなたの子供が日常生活で使える四つの戦術を紹介しよう。

●現代においてストア主義を実践するため四つの戦術

1. 子供たちに英雄の物語を読み聞かせる

具体的な例がないと、美徳の恩恵を理解するのは難しいものだ。だからこそ、物語、特に歴史上の古典的な物語には力があるのだ。

ギリシャ神話は、まさにこの目的のために作られている。子供たちに、快楽や気楽さよりも勇気のある人生を選んだヘラクレスや、知恵を使ってサイクロプス（キュクロプス）のような危険な敵から逃れたオデュッセウスの話をして聞かせよう。わかりやすい例を念頭に置くことで、子供たちは美徳とその利点を理解し、生活に取り入れやすくなる。

2. 自分でコントロールできることに集中させる

何が起こるかを常にコントロールすることは無理だが、どう対応するかはコントロールできるということを、子供たちと話し合おう。時には、友だちが意地悪をしてくることもあるが、だからといって意地悪をし返す必要はない。

例えば、怒りをぶつける代わりに、声に出さずに、頭の中でアルファベットを一つずつ唱えた

私たちは、

古いストア派の教えを見直し、

生徒の学習体験において、

人格形成を

欠かせないものとすべきだ。

りして、心を落ち着かせる。一息ついて、節制と正義を実践するのだ。

3．美徳日記をつけるように勧める

日誌に記録をとることは、ストア主義の重要な要素だが、ストア派が用いていたのは普通の日記ではない。単に一日の出来事や感情を書き留めるのではなく、自分たちの原則を追跡し、人格を向上させることに重点を置いた。

普通の日記は子供たちの自己認識を深めるのに役立つが、美徳日記にはさらに、健全な自己批判という利点が加わる。

例えば、学校で友だちと険悪なやり取りをしたことを日記に書くかもしれない。何があったのか、どう反応したか、どのように勇気や節制を示したかを振り返り、次回はどうしたらもっと上手く対応できるかを考えるのだ。

美徳日記は、子供たちが自分を磨く努力をするなかで、成長すべき点や改善すべき点を振り返るための、自分だけの場を提供する。

何が起こるかを常にコントロールすることは無理だが、どう対応するかはコントロールできるということを、子供たちと話し合おう。

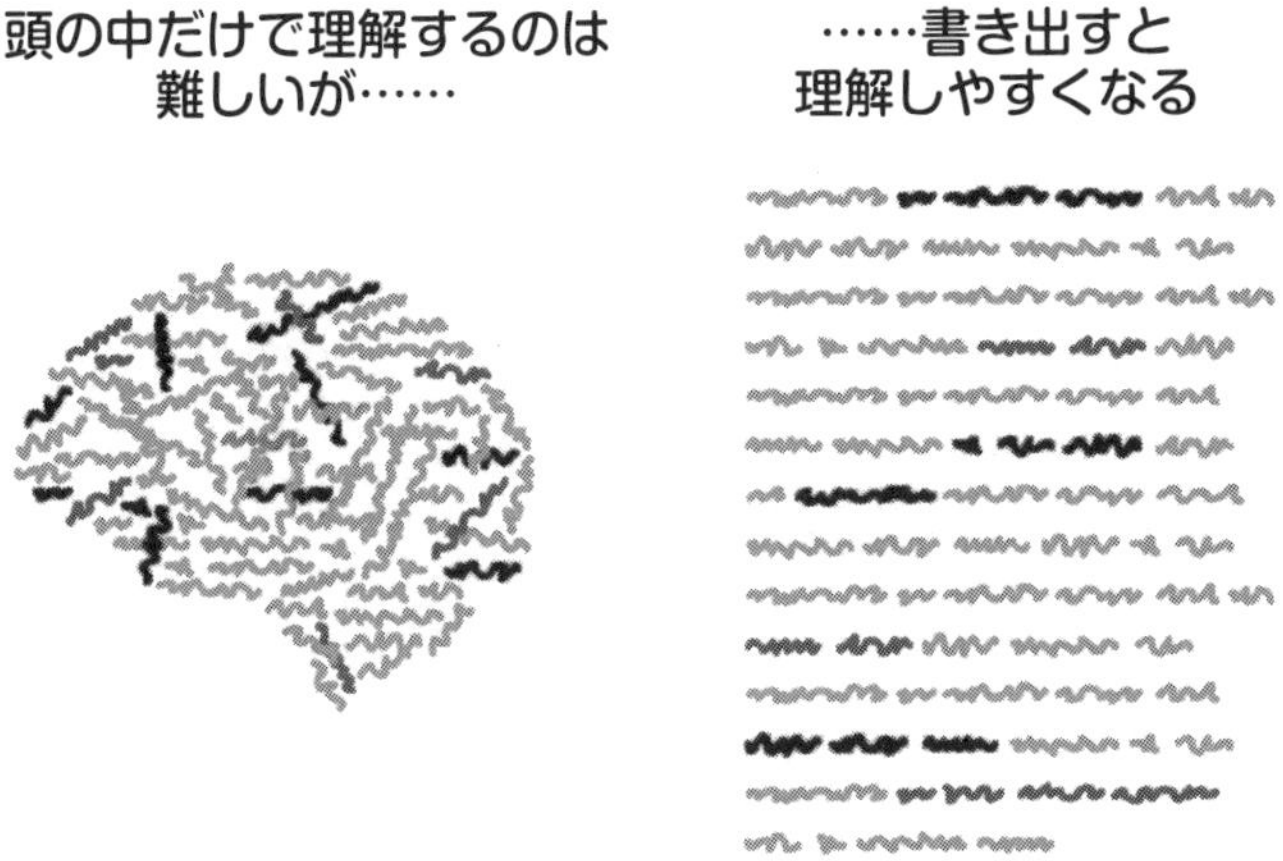
頭の中だけで理解するのは難しいが……
……書き出すと理解しやすくなる

4. 美徳とは筋肉のようなものだと話す

子供たちは、自分の現状と理想像との間に大きなギャップを感じて、やる気をなくしてしまうこともある。だからこそ、美徳が筋肉に似ているという話をするのはとても大切だ。

ジムに通い始めると、すぐに結果を出したくなる。しかし、進歩するためには、継続してジムに通い、努力を重ねなければならない。

美徳も同じだ。最初は大変だが、十分な時間と努力、そして反省を重ねることで、私たちの人格はどんどん強くなっていく。

子供たちが豊かな大人に成長するためには、人格形成が不可欠だ。

人格形成は、子供たちが豊かな大人に成長するために欠かせない。それは彼らに、確固たる指針を与え、難しい判断を切り抜けさせ、他者を大切にする方法を示し、人生の荒波の中でも安定をもたらす。

ここで重要な疑問が浮かび上がる。大人になったとき、子供たちには、人格のほかに何を備えていてほしいだろう？　私たちは、子供たちが善良で、高潔で、道徳的な人間に成長することを望んでいるが、他に必要なものはないだろうか？

それでは、哲学から実践的な話へ移ろう。

子供たちを、世界に独自の貢献ができるようにさせるには、どうすればいいのだろう？

次の章では、この点を掘り下げていく。

16 知識の幅と具体的な知識

並外れて優秀な子供にしたいなら、早くから専門教育を受けさせるべきだ。……本当にそうだろうか？

この神話を打ち破る時が来た。

この章では、知識の幅、一般化、専門化、そして特定の知識の関係について考える。子供たちが幅広い知識を身につけ、さまざまな分野を探求し、世の中に独自の付加価値を提供できる場所を見つけ出させる方法を解説する。

まずは、知識の幅から見ていこう。

●子供が知識の幅を広げるのを助ける

分野によっては、早期の専門化がうまく機能する場合がある。ゴルフを例に考えてみよう。タイガー・ウッズは生後7カ月で初めてパターを手にした。2歳のときには、テレビでボブ・ホープと一緒にゴルフボールを打っていた。4歳のときには1日8時間練習し、大人相手の賭けに勝つほどだった[1]。

早期の専門化がタイガーに功を奏したのは、ゴルフが予測可能なスポーツだからだ。2歳のときに身につけたスキルが、その後の人生でずっとゴルフに生かされた。ゴルフは安定した競技で、ほとんど変化しない。

しかし、人生においてゴルフのようなものは、そうそうはない。

私たちは、曖昧さと複雑さに満ちた世界に生きている。今日、最も成功を収める人たちは、絶え間ない変化に対応する方法を知っている。彼らはジェネラリスト（万能型）の素養を備えており、新しい予想外の課題にも、さまざまなアプローチを組みあわせて、立ち向かうことができるのだ。

デイヴィッド・エプスタインは著書『RANGE』（『RANGE 知識の「幅」が最強の武器になる』日経BP）の中で、次のように主張している。「スポーツ、芸術、科学研究など、選ばれし者が集まる専門分野で、最も有能な人たちの多くは、最初に他の試みを追求した後に、その特定分野にたどり着いたからこそ成功を収めたのであって、最初の部分抜きに成功したわけではない」[2]

成功する人たちは、絶え間ない変化に対応する術を知っている。

例えば、ノーベル賞を受賞した科学者を見てみよう。一見、彼らは絵に描いたような、高度に専門化された考え方をする人の例と思われがちで、実際その通りだ。しかし、彼らは同時に、幅広い教養を備えたジェネラリストでもある。エプスタインはこう要約する。

「他の科学者と比較して、ノーベル賞受賞者はアマチュアの俳優、ダンサー、マジシャン、その他のパフォーマーになる確率が少なくとも22倍は高い。全国的に著名な科学者は、他の科学者よりも、音楽家、彫刻家、画家、版画家、木工職人、整備士、電子工作家、ガラス吹き職人、詩人、小説またはノンフィクションの作家である確率がはるかに高い」(3)

言い換えれば、幅広い教養と、専門化は、敵対するものではなく、仲間なのだ。ただし、その順番は重要だ。まずは幅広い教養を身につけてから、専門分野に特化する。逆ではだめだ！

なぜだろう？

子供たちが早くから専門分野に特化すると、「機能的固着」と呼ばれる、物事を一面的にしか見られなくなる狭い考え方に陥りやすくなる(4)。単一のスキルセットしか習得していないため、

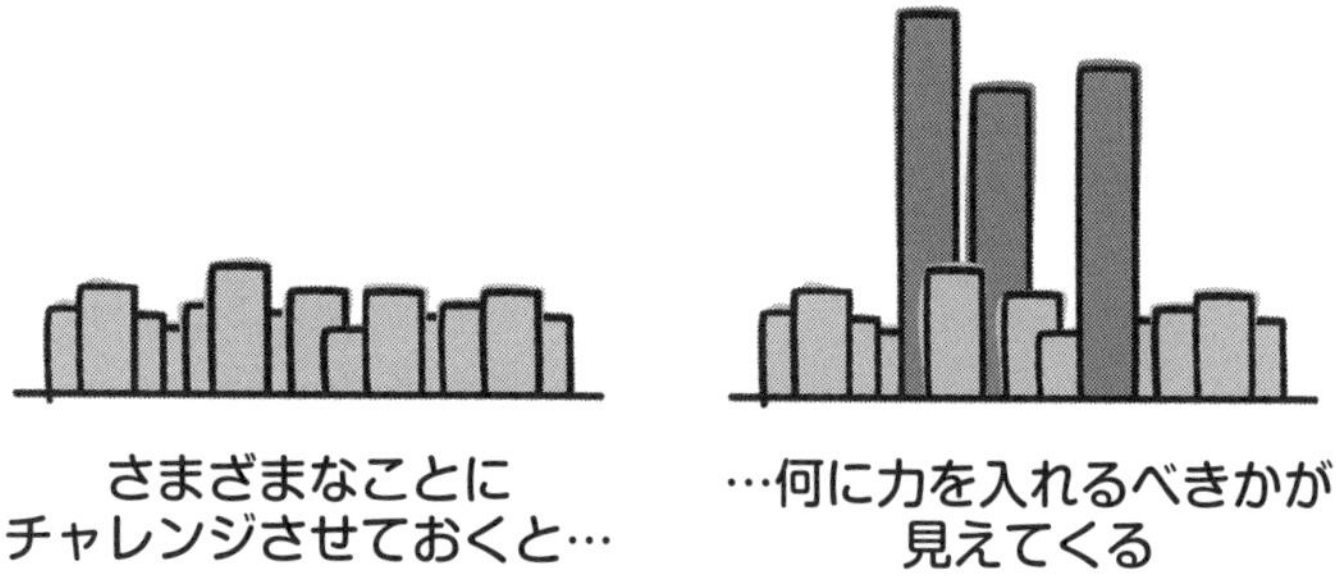
さまざまなことに
チャレンジさせておくと…
…何に力を入れるべきかが
見えてくる

創造的な解決策を見逃してしまう可能性がある。

一方、早くから一般教養を身につけると、子供たちにしっかりとした幅広い知識という基盤ができる。物事を多角的に見る視点が開かれる。思考ツールが詰まった大きな道具箱を持っているため、のちのち専門分野においても革新性を発揮できる。

従って、8歳の子供を毎日のゴルフレッスンに登録する前に、次のような、飛距離（知識の幅）を伸ばすための戦術を試してみよう。

1．新しい活動や興味に〝お試し期間〟を設けて挑戦させる

これにより、子供はプレッシャーを感じることなく、さまざまなスポーツや芸術、楽器を体験する機会が得られる。

2．子供たちに〝自由な遊び〟をさせる

自由な遊びとは、大人が企画したり指示したりせず、あらかじめ決まった目的や結果がない遊びのことだ。想像力豊かな遊びをしたり、アートや音楽を創作したり、適当な材料で砦を築いたり、突拍子もない展開の物語を考えて、それを実際に演じたりすることを促す。この種の遊びは、子供に自主性と、新しい興味を見つける自由を与える。また、自分自身について学び、失敗を恐れずに間違うこともできる。

子供たちが自由な遊びを最大限に生かせるように、さまざまな材料、広いスペース、十分な時間を用意してあげよう。最初は退屈してしまっても、それもプロセスの一部であることを心に留めておこう。

3．内省を促す

子供たちが新しいことに挑戦した後、次のような質問をして、自分の経験を振り返るように促す。

- 「どんな気分だった？　どんなところが気持ちよかった？」
- 「一番驚いたことは何？」
- 「どこが難しかった？」

- 「次はどうすれば、もっとうまくいくと思う?」
- 「これに上達するには、どれくらい時間がかかると思う?」
- 「難しそうとか、怖いなとか思ったけれど、結果的には逆だったことがある?」
- 「続けたら、時間とともに上手くなるだろうと感じたのは何?」

こうした種類の質問は、子供が自分自身や、生まれ持った才能や情熱をより深く理解するのに役立つ。

4. 子供たちに多様性のある学習環境を与える

本、映画、美術館、スポーツ、音楽、文化、友人関係、宗教、哲学などを通じて、さまざまなテーマや異なる考え方に触れさせる。

おわかりのように、知識の幅を広げるとは、子供にすべての教科でオールAの成績を取ることを強要したり、放課後に、同時に5つの異なる習い事に通わせたりすることではない。

そうではなく、自由に探索したり、遊んだり、さまざまなことに挑戦させることだ。安全地帯の外に思い切って踏み出すのを、応援してあげることだ。そして何よりも、彼らが一番好きなことを発見したとき、一緒に喜んであげることだ。つまり、知識の幅を広げるとは、子供たちが特定の知識を発見できるよう、助けることなのだ。

特定の知識の例

音楽の才能	どんな楽器でも弾けるようになる能力
営業スキル	核心をついた説得力
執着する性格	ゲーム理論を熟知している
ゲームをたくさんしている	物事に没頭し、素早く覚える能力
分析能力	データを吸収し、それで頭をいっぱいにし、分類する能力
SF好き	多くの知識を非常に早く吸収する

●特定の知識を見つける

特定の知識とは、あなただけが世界に提供できる何かだ。シリコンバレーの起業家であり投資家でもあるナヴァル・ラヴィカントは、それを「DNAからの独自の特性、固有の生い立ち、および、それに対するあなたの反応が、奇妙に組み合わさったものであり、それは、あなたの性格とアイデンティティに刷り込まれている。ひいては磨き上げていくことができるもの」と表現している(5)。

上の表は、さまざまな種類の興味を持つ人々が、それぞれ備えていると思われる、特定の知識の例を示している。

特定の知識は必ずしも専門的な知識とは、同じではないことを明確にしておくことが重要だ。

専門知識とは、基本的な知識を超えて得た専門的な知識のことである。確かに、特定の知識には専門的な知識も含まれることもあるが、それよりも広範なものが含まれることが多い。それは、他の誰も提供することができない、あなただけが世界にもたらせるものを見つけ出すことだ。ナヴァル・ラヴィカントは、こう言っている。

「子供の頃やティーンエイジャーの頃、なんの苦もなくやっていたことを見つけましょう。自分では特技だと思っていなかったことでも、周りの人は気づいていたこと。あなたのお母さんや、幼馴染みならきっと知っているはずですよ」(6)

例えば、人気テレビシリーズ『ドクター・ハウス』のハウス博士を考えてみよう。さまざまな病気や障害を記憶することは、誰にだってできる。それが専門知識だ。ハウス博士がユニークなのは、次の点だ。

■人間の行動を理解する才能（経験から、誰もが嘘をつくことを学んだ）。
■パズルを解き、世界を説明したいという衝動。
■そのために楽々とリスクを冒すこと。

専門知識とは、
あなただけにしか
世界に提供できないものを
見つけ出すことだ。

これこそが、特定の知識だ。

ほとんどの場合、特定の知識とは、ある特定の事柄に関する膨大な知識のことではない。通常、それは知識の積み重ね、つまり、複数の事柄がどのように結びついているかを深く理解することだ。

例えば、哲学に関するものすごく魅力的なビデオをYouTubeに投稿するための、特定の具体的な知識を身につける人がいるかもしれない。この場合、特定の知識は、単にビデオ撮影に関する知識だけではない。カメラや、歴史上の偉大なアイディア、デジタルマーケティングの知識を組み合わせて、人びとに楽しんでもらえる素晴らしいものを作るための知識なのだ。

では、子供たちが特定の知識を見つけ、それを積み重ねて知識を深めていくには、どうすればいいのだろうか？

●子供たちの特定の知識を育む

まず、特定の知識とは、神童を生み出すためのものではないことを、心に留めておくことが大切だ。それは、子供たちが自分の好奇心や才能、スキルを発見するのを助け、楽しみながらさまざまな能力を伸ばせる機会を作ることなのだ。

特定の知識を極める人の多くは遅咲きだが、彼らは「無駄な時間」を費やして、それとは比べものにならないほど重要なことを理解した。他の誰にもできない形で、自分だけが世界に提供できる何かに気づいたのだ。


子供たちには、学び方、世界の仕組み、問題を解決する方法についての、全般的な知識が必要だ。


次に、子供たちに特定の知識を無理やり身につけさせることはできない。

これは本質的に正しい。ナヴァルの言葉を借りれば、特定の知識とは「自分にとっては遊びだけれど、他の人には仕事に感じられるもの」なのだ。ひとたび、それが仕事のように感じ始めたら、それはもはや特定の知識ではない。

つまり、私たちは、主導権を握って、子供たちのために厳密なプロセスを敷きたいという衝動を我慢しなければいけない。子供たちを励まし、導くことはできるが、コントロールすることはできない。これは彼らが自分自身の足で歩むべき道のりなのだ。

しかし、一人で歩ませる必要はない。私たちは、次のようにして、彼らとともに歩むことができる。

■ 子供が興味のあることに没頭できるスペースを与える。

■ その子の独自のスキル、特質、興味が、どのように他の人の役に立つかを理解できるよう助ける。

■ 現実の複雑な問題に対して、その子の特定の知識をどのように応用できるかを話す。

最後に、子供たちにはしっかりした基礎が必要だ。学び方、世の中の仕組み、問題を解決する方法や解き方などに関する総合的な知識、つまりレンジ（知識の幅）が必要なのだ。また、さまざまな科目、職種、人生経験に触れることも必要だ。そうすることで、子供たちは自分が一番好きなことを見つけ、そのうちのどれに才能があるかを把握できる。

言い方を変えれば、子供たちは、自分が体験できる広範に及ぶ機会を知らない限り、特定の知識に的を絞ることはできないのだ。

そうした機会を経験するためには、失敗と諦《あきら》めを受け入れる必要がある。

17 失敗する技術と諦める技術

学校では「諦める者は絶対に勝てない」と教えられる。確かに、何か困難にぶち当たった時、やり遂げる能力は競争上の強みとなるが、諦めるタイミングを知ることも、同じように重要だ。

私たちはまた、間違いを恐れるように教えられている。赤いインクでの訂正、落第の二文字、授業後の厳しいお説教などなど。教育者のジョン・ホルトが、著書『How Children Fail』(『教室の戦略――子どもたちはどうして落ちこぼれるか』一光社)で説明しているように、学校制度全体が、子供たちに失敗を怖がらせるように設計されている(1)。

私たちは、すべて逆さまのことをしているのだ。

この章では、失敗する力と諦める力について話そう。要するに、子供たちがリスクを取り、間違いを犯し、もう一度挑戦すること、そして他の場所のほうが自分の才能をもっと発揮できるようなら、諦めて次へ進むことを促すべきなのだ。適切な状況であれば、失敗したり諦めたりすることを認めることで、子供たちが試行錯誤して深く理解する力を高め、恐れずに新しいテーマに飛び込んでいく余地が生まれる。

まず、失敗する技術から見ていこう。

●失敗する技術

失敗は罰するものではなく、むしろ奨励すべきものだ。発見と進歩を促進するために、社会は失敗を必要としている。上手くいかないことを、たくさん試してみなければ、成功するものを見つけることはできない。

科学の歴史を考えてみよう。一見すると、成功の連続のように見えるが、実際はそうではない。実際には人々が失敗を受け入れ、失敗から学んできた結果なのだ(2)。

その良い例が重力理論だ。ほぼ2000年にわたって、アリストテレスの説、つまり、物体は重さに比例した速度で落下するというのが通説だった。その後、ガリレオが実験を行い、物体は同じ加速度で地面に向かって移動することを発見した。これは、大きな物体（例えば地球）が小さな物体（例えば岩）を引き寄せるためだ、とニュートンは考えた。しかし、アインシュタインは、ニュートンが完全には正しくないことに気づいた。大きな物体が小さな物体を引き寄せるのではなく、時空の構造を歪めるのだ。しかし、重力が量子レベルでどのように働くのか現在でもわかっていない。最終的に正確な答えを見つけるまでには、まだまだ多くの失敗が必要だ。

大人になって致命的な失敗をしないための最善策は、子供の頃にたくさん小さな失敗をしておくことだ。

失敗が恐ろしく、自分と無関係なものと感じている限り、子供たちは冒険をしない。しかし、失敗を古くからの友達のように感じられれば、奇抜な新しいアイディアに気軽に挑戦するようになるだろう。前出のシリコンバレーの成功者ナヴァル・ラヴィカントはこう言っている。

「試行錯誤なしで進歩はありえません。ビジネスにおいても、科学においても、自然界においても同様です。失敗なくして、学習も進歩も、そして成功もないのです」(3)

もちろん、すべての失敗が子供のためになるわけではない。例えば、仕事、生きがい、幸せ探しに失敗すること。これは破滅的な失敗であり、どんな犠牲を払ってでも避けさせるべきだ。

また、大人になってからの破滅的な失敗を避ける最良の方法は、子供の頃に小さな失敗をたくさんすることだ。コロンビア大学の生物学教授、スチュワート・ファイアスタインは、「私たち

失敗の規模

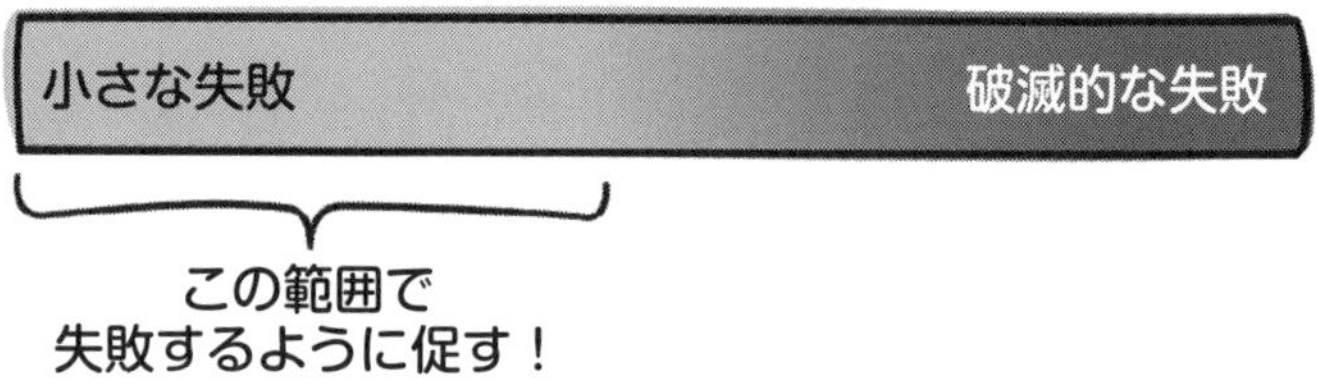

は、壊滅的ではない失敗のためのスペースを作り、そのスペースを守りきらなければならない」と述べている[4]。小さな失敗をするからこそ、人生を一変させてしまうような失敗を避ける方法が学べるのだ。

では、子供たちに害のない、役にたつ失敗をさせるには、どうすればいいだろう？

子供が建設的に失敗するのを助ける5つの方法

1．子供に小さな失敗の機会をたくさん与える

ビデオゲームは、従来の学習とは違う学習の枠組みを提供してくれるため、小さな失敗をたくさん経験できる機会を与えるのに最適だ。小さな失敗をしても罰せられなければ、子供たちには、立ち直り、課題に粘り強く取り組み、学び続ける意欲が湧いて

くる。

ビデオゲームの健全な活用法については、12章の「健全なゲーム遊びの心理学」を参照のこと。

2. 失敗を、やり直すチャンスとして肯定する

失敗を、フィードバックを得るためのエキサイティングな冒険と捉えよう。次のような質問をすると良い。

- 「何を学んだ？」
- 「次はどんな風にやり方を変えてみる？」
- 「今度はもっと多くの情報を得た上で、もう一度挑戦してみる？」

3. 正しい形での内省を促す

物事がうまくいかないとき、子供たちはその状況をどのように言い表すだろう？「全部自分のせいだ。すべて台無しで、もう永遠にどうにもならない。自分にはどうすることもできない」といった発言には注意しよう。このようなパターンは、学習性無力感と呼ばれる心理状態に陥る可能性がある。これは、自分が無力で八方塞《ふさ》がりだと感じてしまう状態だ(5)。

このような時は、「これは長くは続かない。それに、うまくいった部分もあるじゃないか！

子供たちがリスクを取り、
間違いを犯し、
もう一度挑戦することを
奨励すべきだ。
そして他の場所のほうが
自分の才能をもっと
発揮できるようなら、
諦めて次へ進むことを促すべきだ。

自分に厳しくしすぎないで。これから、状況を好転させるために、何ができると思う?」と言い換え、見方を捉え直させよう。

4. 自分の失敗談を子供たちに話す

自分がした失敗と、それにどのように対処したかを打ち明けて、前向きな模範を示そう。どうやって立ち直り、困難な状況を耐え抜き、失敗から学んだかを話そう。子供は大人の姿を見て、失敗の対処法について多くのことを学ぶ(6)。

5. 失敗を糧《かて》にして成功したヒーローの話をする

子供たちが尊敬するヒーローや模範的人物について考えてみよう。彼らの成功だけでなく、苦労にも注目させるようにする。子供が読む本には、特に注意を払おう。主人公はいつも簡単に勝利を手にしているだろうか? ヒーローが極度の逆境に直面し、つまずき、立ち直り、失敗から学んだことを生かして成功を収めるような物語を探そう。

これまで見てきたように、失敗は罰するものではなく、むしろ受け入れるべきものなのだ。では、諦めることは、どうだろう?

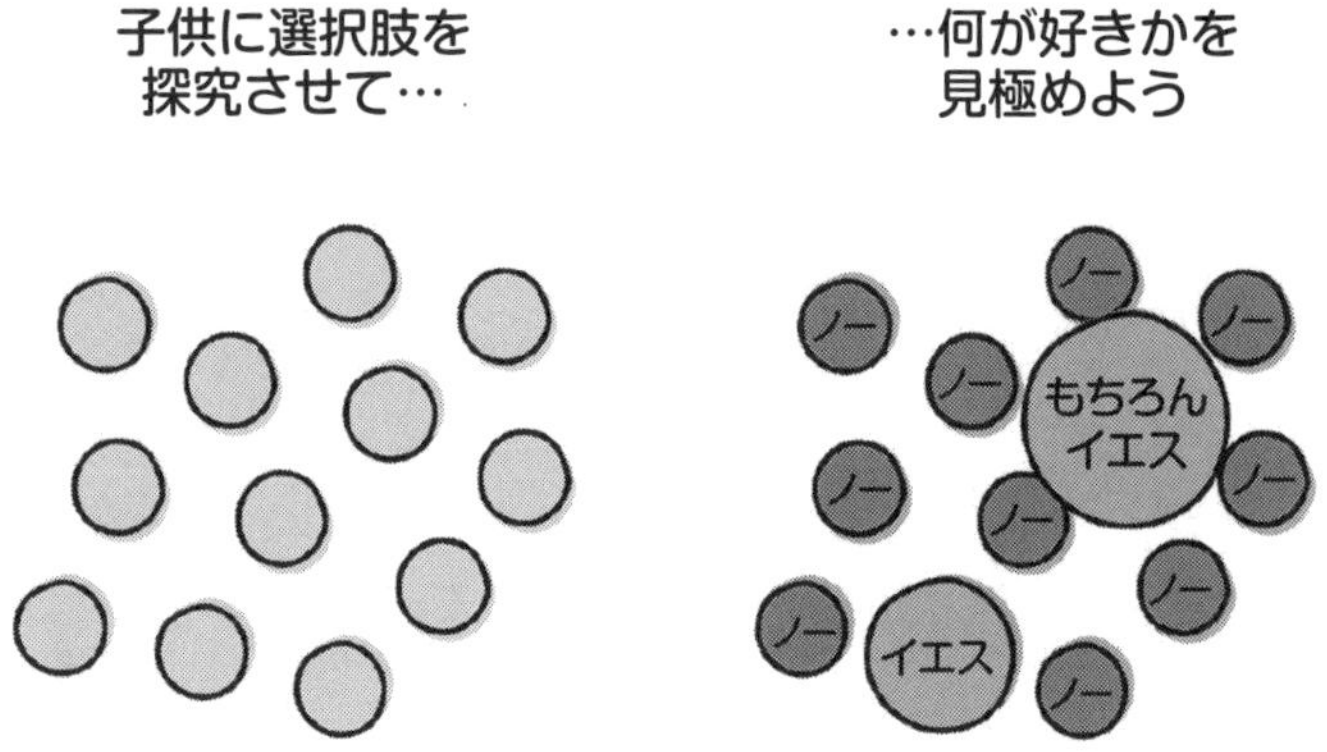

諦めてやめる技術

時には、諦めても構わないのだ。

私が、諦めることを、こうした新たな視点で見るようになったのは、2012年度のハーバード・ビジネス・スクールの卒業式でディーパック・マルホトラ教授〈『チーズは探すな』『交渉の達人』著者〉が行ったスピーチを聞いた時だった。

教授のアドバイスは、「〝難しい〟ではなく〝つまらない、最低だな〟と感じたら、早めに諦めろ、しょっちゅう諦めろ」ということだった[7]。

マルホトラ教授は素晴らしい指摘をした。やめることで、「多くのことにノーと言い、自分が気づきもしなかった完璧な選択肢にイエスと言える」ようになるのだ[8]。

何かが難しいからといって諦めるのではなく、進むべき方向が間違っているときにこそ、諦めるべきだ。

では、どうすれば子供たちに、やり抜くべき時と、諦めるべき時のタイミングを学ばせることができるのだろうか？

ここまで、子供たちが特定の知識を追究すべき理由を話してきた。つまり、生まれつき得意で、好きなものを伸ばすことだ。また、幅広い知識、つまり、子供たちがさまざまなことを経験することで、基礎を築き、興味を広げていくことの重要性についても話した。

諦めることは、幅広い知識と特定の知識をつなぐ要《かなめ》だ。

それは、新しいことに挑戦し、自分が嫌いだったり才能のないものに気づき、特定の知識に近づいていくための技術なのだ。児童精神科医で3児の母であるクリスティン・レヴィタンは、次のように述べている。

「子供たちに諦める選択肢を与えることは、新しいことに挑戦する機会を与え、すべての人が、すべてのことに適しているわけではないと、理解させる」(9)

本を読むのを断念しても良いのは、どんな時？

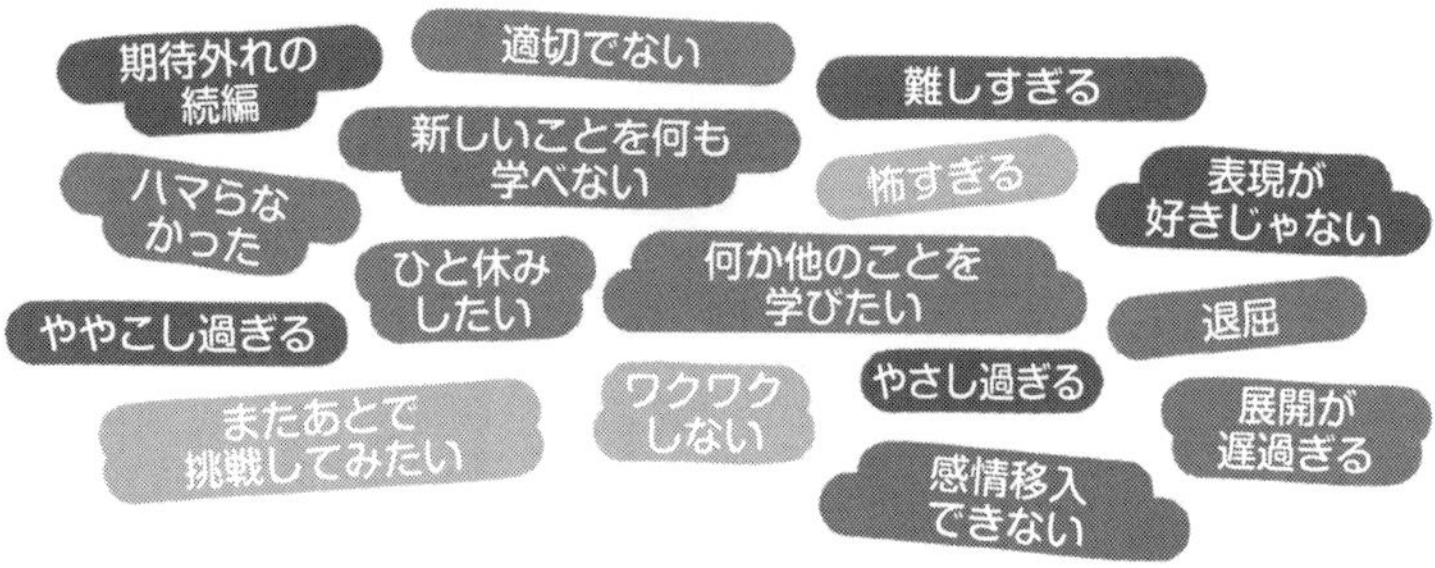

子供たちをさまざまなことに挑戦させるだけでなく、充実感のない活動をやめる方法とタイミングも教える必要がある。

そのための戦術の一つは、何かをやめるときの、正当な理由と、良くない理由を区別できる原則を作ることだ。

例えば、私は教師だった頃、生徒が本を読むのをやめる理由をリストアップしてみた。

結果は？

生徒たちは、以前よりも一所懸命に本を読み始めたのだ！

途中、何冊かは諦めても、一度気に入った本を見つけたら、夢中で読み耽《ふけ》った。生徒たちは、読書の醍醐味《だいごみ》や、自分でワクワクする本を自由に見つけられるようになって、本を読むのがもっと楽しくなった、と口にするようになった。

新しい活動（スポーツ、放課後のプログラム、読書など）を始める時には、子供たちに、これと同じような「やめるべき条件」のリストを作成させよう。そうやって、やめるべきではない理由（「自分は力不足だから」）と、やめるべき理由（「別のことを学びたいから」）を明確にしておくことが大切だ。

この方法は、子供たちが主体的に選択できるようにし向け、選択に対する責任感と自己達成感を育むだけでなく、思慮深い判断を下すための指針も提供する。

何かが難しいからといって諦めるのではなく、進むべき方向が間違っているときにこそ、諦めるべきなのだ。

最終的に、粘り強さと諦めることは同じくらい重要だ。親として、教師として、子供たちに常にどちらか一方だけでいるように教えるべきではない。

そうではなく、子供たちが、こだわるべき物事に留まる落ち着き、こだわる必要がないことをやめる勇気、そして、その違いを見分ける知恵を育む助けとなることを目指すべきなのだ。

失敗も諦めも、真の学びにとって大切な要素だ。適切な状況なら、この二つの経験を罰するのではなく、奨励すべきだ。

●一つだけ避けるべき質問

「大きくなったら何になりたい？」

これは、大人が子供に尋ねる、最も無駄な質問のひとつだ。その理由は次のとおりだ。

1．子供たちに、自分自身をたった一つの職業と、たった一つのアイデンティティという枠で定義させることで、望ましくない物の見方を助長してしまう

ミシェル・オバマ元大統領夫人が言うように、私たちは「成長することに限界があるかのように振る舞っています。ある時点で何者かになり、それでおしまいであるかのように」[10]。

この質問は、子供たちが、もうすべてのことを把握しているはずだと暗示し、実験や試行錯誤、失敗したり諦めたりすることを妨げてしまう。

2．理想の職業がまだ発明されていなかったとしたら、どうだろう？

古くからの産業は変わりつつある。現在の小学生のおよそ3分の2は、まだ発明されていない職業に就くことになるだろう[11]。一方で、新たな産業が、かつてない速さで台頭している。YouTubeの動画制作で生計を立てられるようになるなんて、誰が想像しただろう？

子供たちには、未来の自分はまだ存在しておらず、興味も時間の経過とともに変化する可能性があることを理解させよう。

現在の小学生のおよそ3分の2は、まだ発明されていない職業に就くことになる。

3. 子供たちが複数の仕事をしたいと思っていたら？

アメリカ合衆国労働統計局によると、平均的な人は生涯に十数種類の仕事をすることになるそうだ[12]。子供たちに、一つの仕事や立場に縛られる必要はないことを教えよう。

いろいろなことをして良いのだ。さまざまな活動に挑戦して、自分が一番得意なこと、一番楽しいことを見つけるように教えよう。そして、一度選んだ職種を見直し、必要に応じて方向転換しても問題ないことを教えよう。

子供たちには、職業をアイデンティティとしてではなく、取るべき行動として学ばせたほうがいいと、前出の心理学者アダム・グラント教授は提案している。仕事を、「自分自身」ではなく、「自分がすること」として捉えることで、子供たちはもっと積極的に、さまざまな可能性を探るようになる。

例えば、彼の著書『Think Again』(『THINK AGAIN　発想を変える、思い込みを手放す』三笠書房)では、ある調査結果が紹介されている。小学2年生と3年生に「科学者になること」ではなく「科学をすること」について学ばせたところ、科学の仕事に進むことへの関心が、より高まったという[13]。グラント教授の言葉を借りれば、「子供たちにとって、科学者になるのは、手が届かないことに思えても、実験するという行為は、誰でも挑戦できることなのだ」[14]。

子供たちに、大きくなったら何になりたいかを尋ねる代わりに、彼らが好きなことを、思いっく限り挙げていってもらおう。

職業や専門は「自分が何者か」ではなく、「自分がすること」として話をしよう。そして、間違った方向に頑張り続けるよりも、時には、諦めても構わないことを理解してもらおう。

子供が失敗したり諦めたりしても、見下すべきではない。どちらも成長するために必要なことだからだ。しかし、だからといって、目の前で子供たちが苦労していても、好転させる手助けをしてはいけないという意味ではない。

子育てで最も難しいのは、適切なバランスをとることだろう。これまでの章で見てきたよう

「大きくなったら何になりたい？」と聞くべきだろうか？

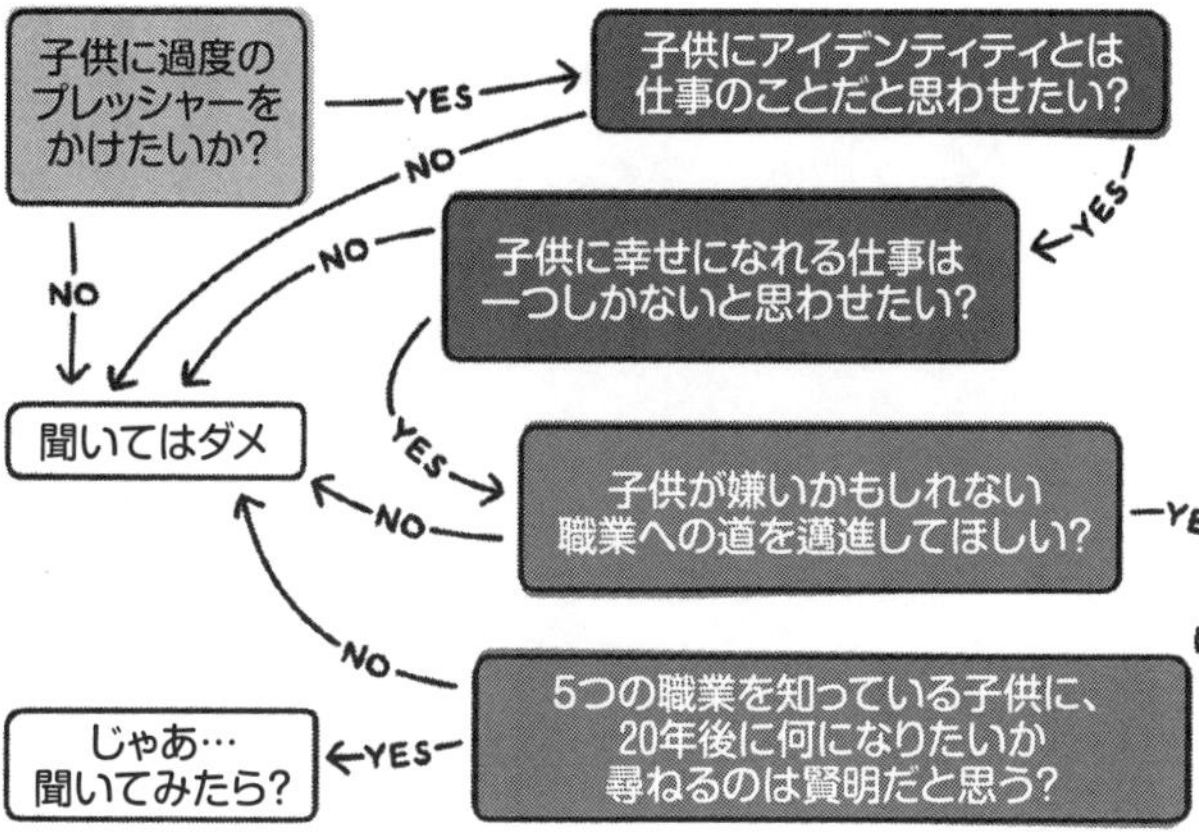

アダム・グラント『Think Again』より

に、成功する子供を育てるには、困難やリスクにさらしつつも、負担をかけすぎないことが重要だ。それは、子供たちに幅広いスキルを身につけさせると同時に、自分なりの特定の知識を見つけるのを手助けすることでもある。新しいことに挑戦させ、失敗し、諦めることも許しながら、彼らにとってかけがえのないチャンスに出合ったら、粘り強く取り組ませることだ。

親はどうやって、これらすべてのバランスを取れば良いのだろう？ 私たちには、機会を比較検討し、事実を正しくとらえ、子供たちを長期的な成功に備えさせるための、基本原則が必要なのだ。

別の言い方をすれば、私たちは模範的な親とは何を意味するか、学ぶ必要があるのだ。

子供たちに、一つの仕事や立場に
縛られる必要はないことを教えよう。
一度選んだ職種を見直し、
必要に応じて方向転換しても
良いのだと教えよう。

PART 5

可能性を引き出す模範的な親

18 親のためのメンタルモデル

ダーリーンは、病院の新生児集中治療室に長年勤務する経験豊富な看護師だった(1)。

ある日、保育器の前を通りかかった彼女は、中にいる赤ちゃんに目をとめた。担当看護師は、特に心配する様子もなく、定期的に赤ちゃんの様子をチェックしていた。バイタルサインモニターはすべて、正常値を示していた。

しかし、ダーリーンは何かがおかしいと感じた。

赤ちゃんの肌の色は、通常のピンク色と少し違っていた。お腹が少し膨らんでいた。そして、採血のために針を刺した足の場所は大きな赤い斑点になっており、血液が正常に凝固していないことを示していた。

ダーリーンはすぐに主治医のところに行き、抗生物質の投与を頼んだ。医師はそれほど心配していなかった。個々のデータそれ自体は、必ずしも何か問題があることを意味していなかったからだ。しかし、医師はダーリーンの直感を信じ、薬を指示し、検査も行った。

結局、赤ちゃんは敗血症の初期段階にあった。感染症によって全身に炎症を起こす症状だ。ダーリーンが早期にこの病気を見つけていなければ、赤ちゃんは命を落としていたかもしれない。

赤ちゃんの担当看護師は、心拍数、血圧、酸素濃度、体温といった、一つひとつの情報を個別に見ていたのだ。これらの単体の情報からでは、心配なパターンを認識することはできなかった。しかし、ダーリーンはメンタルモデルを活用した。健康な赤ちゃんがどのような状態かを思い描き、その一般的なモデルとこの新生児とを比較したのだ。

研究者のベス・クランドルは、こう述べている。

「もう一人の看護師にとって、斑点のある皮膚や血まみれのバンドエイドはデータポイントに過ぎず、警報を発するほど重大なものではありませんでした。しかし、ダーリーンはすべてを一つに結びつけて考えました。彼女は全体像を見ていたのです」(2)

この章では、メンタルモデルの本質について考える。

親に関連する具体的な例を見ていき、それをどのように日常生活に取り入れることができるかを説明する。この章を終える頃には、子育てにおけるメンタルモデルの力を認識し、自分でも快適にそれを活用できるようになり、心躍らせながらさらに深く掘り下げて、自分だけの新しいモデルを見つけていってほしい。

しかしその前に、まずはメンタルモデルとは何かを明確にしておこう。

●メンタルモデルとは何か？

メンタルモデルとは、簡単に言えば、世界がどのように機能するかについての一般的な経験則だ。私たちは、メンタルモデルを使って、自分の経験を意味のあるものとして整理することができる。

こんな風に考えてみよう。新しい町を訪れた時、左手にマクドナルド、右手に銀行、正面にウォルマートが見えたとする。これらの情報の一つひとつにはあまり意味がないが、これらの目印が描かれた地図があれば、自分がどこにいるのかを把握し、どうやって進んでいくか計画を立てることができる。

メンタルモデルは人生における地図のようなものだ。物事を結びつけたり、パターンを認識したり、より広い視点を得ることで、適切な決断を下すのに役立つ。

作家のジェームズ・クリアが言うように、「『メンタルモデル』という言葉は、あなたが心の中で持ち歩いている、あらゆる種類の概念、枠組み、世界観などのすべてを表わす」(3)。さらに、メンタルモデルは任意のオプションではなく、「明快、合理的、かつ効果的に考えることを望む人にとって、不可欠なもの」なのだ(4)。

どの分野にもメンタルモデルが存在する。生物学、物理学、経済学、心理学など、それぞれの分野で、多くの異なる状況に適用できる一般的な原則が使われている。しかし、科学研究の詳細とは異なり、メンタルモデルを習得するのは難しくはない。それらは、人生の基本を理解するのに役立つ、各分野から得られる最も基本的な考え方なのだ。

「臨界質量」という概念を考えてみよう。原子力工学では、核連鎖反応を起こすために必要な最小限のウランやプルトニウムの量を指す。しかし、この概念は原子力工学以外にも、多くの事柄に当てはまる。例えば、ビジネスを支えるのに必要な最小限の顧客数や、第二次世界大戦を理解するために読む必要がある最小限の書籍数などである。アイディアにも臨界質量があるし、パーティーにだってある。

メンタルモデルは人生における地図のように機能する。

あるいは、ニュートンの物理学の第一法則について考えてみよう。動いている物体は、別の力が作用しない限り、動き続ける。言うまでもなく、これは宇宙空間のロケットなどの物理的な物体に当てはまる。一度、地球の重力を超えて打ち上げたら、ロケットはその軌道を進み続ける。

しかし、この法則はより一般的な意味で、人間にも当てはまる。もし私が毎日4時間Netflix（ネットフリックス）を見ているとしたら、何かより生産的なことをする理由が見つからない限り、おそらく、これからも一日に4時間Netflixを見続けるだろう。

世界を理解するためには、さまざまなメンタルモデルが必要だ。ウォーレン・バフェットの右腕として活躍した投資家のチャーリー・マンガーは、こう述べている。「モデルは複数の分野から得るべきだ。なぜなら、世界のすべての知恵は、たった一つの小さな学問分野には存在しないからだ。かなり広い範囲の分野からモデルを集めなければいけない」(5)

こうしたメンタルモデルが必要なのは、「事実が理論のしっかりした枠組みと結びついていないと、うまく利用できない」からだ(6)。メンタルモデルがあって初めて、情報や経験をまとめて有効に活用し、適切な判断を下すことができる。

メンタルモデルは、複雑な状況に直面した時に特に役に立つ。新しい情報が次々と押し寄せてくる時、それをどう解釈すればいいのか知る必要がある。物事が混沌とした時に、正しい方向に導いてくれる指針が必要なのだ。

これは子育てにおいて特に当てはまる。

子供たちは日々変化する。子供たちは次々と発達段階を飛び越えていく。そして私たちは、義

子供たちが置かれている
状況に合わせて、
直面している直近の課題に
適応できるように支えるための、
さまざまなツールが必要だ。

母の意見から、お気に入りのママのブログの最新情報、児童心理学の最新の知見に至るまで、あらゆる種類のデータの山に埋もれている。

これらすべてを、どう処理すべきだろう？

メンタルモデルがなければ、圧倒されて身動きが取れなくなりがちだが、メンタルモデルがあれば、良いアイディアと悪いアイディアを整理し、何が一番重要かを把握し、断固とした行動をとることができる。

では、親にとって役に立つかもしれない5つのメンタルモデルを見ていこう。

●親のためのメンタルモデル

◎マズローのハンマー

かつて、心理学者のアブラハム・マズローは「持っている道具がハンマーだけだと、すべての物を釘のように扱いたくなる」と言った(7)。これは親が陥りがちな罠だ。一つの戦術を学ぶと、あらゆる問題をその視点で見てしまいがちになる。子供が悪さをすると、罰が足りないとか、ご褒美を増やすべきとか、行儀のいい友達と遊ばせるべきとか、決まりきった解決策ばかり考えてしまうかもしれない。

しかし実際は、子供がその子らしからぬ行動を取り始めたら、同じことの繰り返しではなく、新しい何かを必要としているのだ。子供たちの幼少期は、どの段階もその子によって違う。成長し、発達し、変化し、新しい状況に直面していく。私たちは、子供たちが置かれている状況に合わせて、彼らが最新の課題に適応できるように支えるための、さまざまなツールをそろえておく必要がある。

◎リアクタンス（心理的反発）

私たちは、何かをするように圧力をかけられるほど、それをやる気を失ってしまう。走ることが好きでも、体育の先生に走らされたとたん、憂鬱になる。心理学者は、これをリアクタンス（心理的反発）と呼ぶ(8)。

人間は本来、選択の自由と自律を求めるものだ。それは子供だって同じだ。子供に何かをしてもらいたいのに反抗し続ける場合は、子供に選択権を与えているかどうか、自分自身に問いかけてみよう。

直感に反するかもしれないが、子供に参加する自由を与えることは、双方にとって、前向きな解決への近道であることが多い。

◎ナッジ（そっと後押しする）

子供に行動を変えてほしい時、初めの一歩は、まずは何かを説得することだと考えがちだ。健康的なものを食べさせたくて、果物の大切さを説く。しかし、健康的な食事について話すだけでは不十分なのだ。私たちは子供と協力して、最良の選択をしやすい環境を整えてあげる必要がある。社会科学者はこれを「ナッジ」（そっと後押しする）と呼んでいる。悪い選択よりも良い選択のほうがしやすくなるように、状況をほんの少し変えるのだ(9)。

例えば、「キャンディーよりも果物に手を伸ばさせるには、どうすればいいだろう？」と自問してみる。リンゴやバナナをもっと手に取りやすい場所に置いておけば、加工された糖分よりも天然の糖分のほうを選びやすくなる。

こうすると、子供たちと交わす話の内容も変わってくる。お菓子より果物のほうが身体に良いという話だけでなく、彼らが生涯にわたって、より良い習慣を身につける方法についても話せる。お菓子よりも果物を手に取りやすくすることで得られるメリットについて話し合い、子供が成長した時に、健康的な生活を送るためのスキルを身につけさせるのだ。

◎リフレーミング（物事を捉える枠組みを変えること）

子供が危機に瀕した時、それはフレーミング（物事の捉え方）に問題があることが多い。彼らは状況を否定的に捉えているのだが、新たな視点を持つことで、肯定的に捉えられるようになる。

祖父母の家に泊まれなくて悲しんでいる場合、その状況を別の角度から見るようにさせる。その夜の時間を使って、祖父母に手紙を書いたり、翌日に持っていって驚かせるための工作をして過ごすように勧めるのだ。余った時間が、新しい創造的なプロジェクトをするチャンスになる。

企業のイノベーションと創造性を専門とするコンサルタントなどを務めるトーマス・ウェデル＝ウェデルスボルグは、これをリフレーミングと呼んでいる(10)。

リフレーミングによって、子供たちは、人生はコントロールできないことが多いが、それにどう反応するかはコントロールできることに気づくだろう。子供たちは悲しむことも、その日を楽しんで悪い状況を良い状況に変えることも、選べるのだ。

◎逆転の発想

困難な問題に直面した時、逆の視点から見ることが助けになることがよくある。投資家のチャーリー・マンガー（前出）は、このメンタルモデルを「逆転の発想」と呼ぶ。彼は次のように説明している。

「問題というのは、ひっくり返して逆から考えると簡単になるものだ。つまり、インドを助けたいのであれば、『どうすればインドを助けられるか』ではなく、『インドに一番酷い損害をもたらしているのは何か、どうすればそれを回避できるか』を問うべきなのだ」

起業家であり投資家でもあるカナダの億万長者アンドリュー・ウィルキンソンは、逆転の発想を利用して「アンチゴール（反目標）」を考えついた。これは、自分が望まないことに焦点を当てることで、本当に望むことを導き出す戦略だ(11)。

例えば、彼は長い会議だらけの日々を望んでいないことに気づき、「メールや電話で済むことは、対面での会議を組まない（または会議は絶対にしない）」という目標を設定した。彼はまた、信頼できない人とは仕事をしたくないと考え、「嫌いな人とは、それがどんなに些細な嫌悪感だけだろうと、取引や契約はしない。絶対にノーだ」という目標も立てた。彼は望むことでは

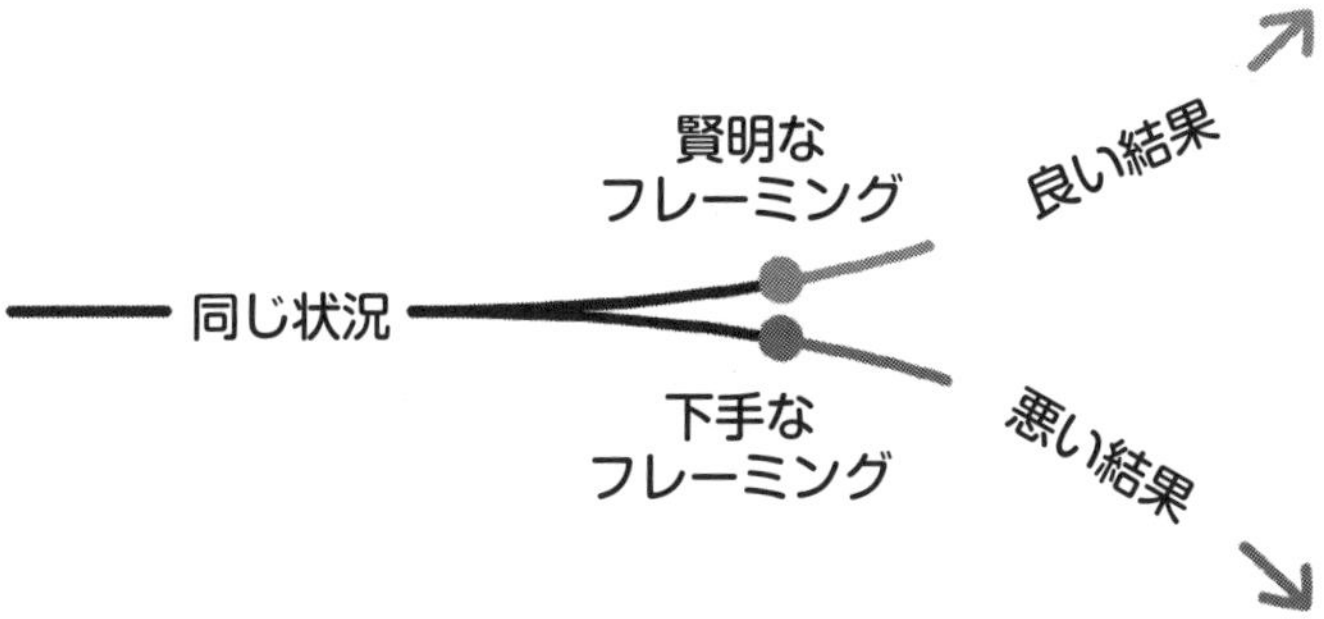

なく、望まないことから始め、そこから逆算していったのだ。

これは、特に生徒と一緒にやると役立つエクササイズだった。子供たちの多くは、自分が何を望んでいるのか見当もつかない。「今年は何を達成したい？」と尋ねても、答えに窮してしまうだろう。しかし、何をしたくないか尋ねると、次から次に長いリストを挙げてくれるだろう！

このリストを使って、何が彼らを不幸な気分にさせるのか明確にし、それが起こらないようにするための、具体的な行動計画を立てることができる。そこで、子供たちに、自分が楽しめないことや、不幸な気分になることをリストアップさせ、次に、それらが起こらないようにするために具体的な行動（アンチゴール）をリストアップするように促すのだ。

避けるべきことを心に留めることで、何をすべきかが明確になる。

●自分だけのメンタルモデルを構築する

紹介した5つのメンタルモデルは、親が複雑な状況を理解する助けとなる。子供のことで混乱が生じた時、次のように考えることができる。

- ■ここで間違ったツールを使おうとしていないか？（マズローのハンマー）
- ■子供に発言権を与えずに、何かを無理強いしようとしていないか？（リアクタンス）
- ■どうすれば子供を正しい方向へ導けるか？（ナッジ）
- ■もしかしたら、子供が別の視点から状況を見るのを助ける必要があるのだろうか？（リフレーミングと逆転の発想）

これらのモデルは、親が子供を育てる際に活用できる何百ものツールのうちの、ほんの5つに過ぎない。自分だけのメンタルモデルを構築するのに役立つ、他の戦術や情報源を見てみよう。

1．Farnam Street（ファーナム・ストリート）をチェックしよう

これは『CLEAR THINKING（クリア・シンキング）』の著者で起業家のシェーン・パリッシュが運営する組織で、人々がメンタルモデル思考の一番良いところを学び、活用できるように支援している。ブログや書籍で役立つ情報源を提供しているほか、子育てのためのメンタルモデル講座も開講している(12)。

2．『Super Thinking』（『超一流が実践する思考法を世界中から集めて一冊にまとめてみた』SBクリエイティブ）を読んでみよう

DuckDuckGo の創設者でCEOであるガブリエル・ワインバーグと、彼の妻であるローレン・マッキャンが書いた本だ(13)。二人で優に100を超えるメンタルモデルと、その実生活への適用方法について解説している。

3．実践してみよう

メンタルモデルを効果的に使うには、実践あるのみだ。子供が特定の行動をするのを見たら、以前にも同じようなパターンを見たことがないか、考えてみよう。関連性を見つけ出し、過去の経験と比較し、共通点があるかどうかを確認する。

4．子供の行動の記録をとっておこう

子供と一緒に参照できる資料があると便利だ。ほんの数分でいいから、あなたが気づいたことや、その結果を書き留めておく。これは振り返りのための情報源となり、子供の長期的なパター

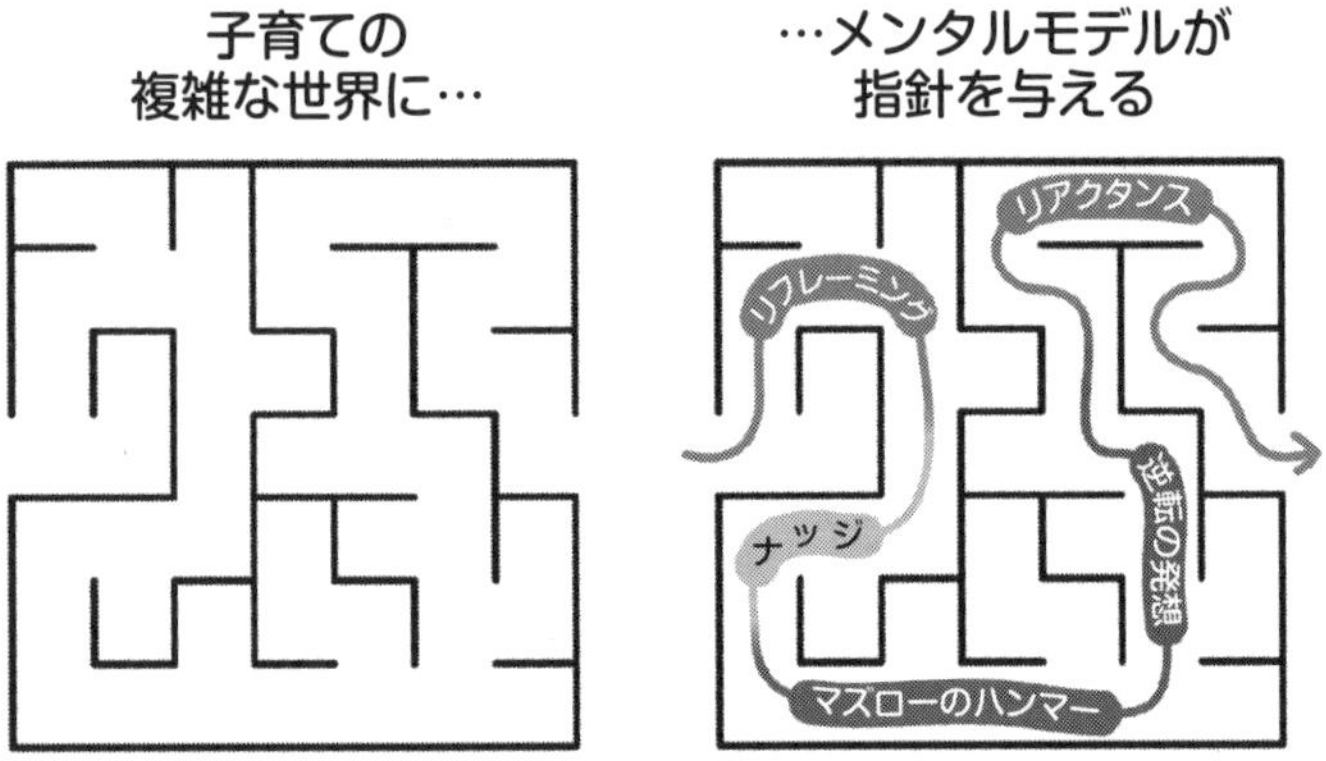

ンを見つける手掛かりにもなる。時間が経てば、自分の子供に特化してメンタルモデルを構築するのにも役立つだろう。

問題を逆の視点から見ることは、助けになることが多い。

5．チェックリストを活用しよう

共通のパターンを認識していても、取るべき適切な行動を思い出すのは難しいものだ。そういう時、チェックリストを試してみよう[14]。

例えば、子供が時間通りに寝るのを嫌がる時、試すべき行動のリストを作ってみる。試行錯誤を繰り返すことで、効果的な戦術を見つけだし、効果がある間はそれを使い続け、子供が成長して新しいパターンを見せるようになったら、チェックリストを更新しよう。

メンタルモデルを使うことで、子育ての複雑さを軽減することができる。いくつかの経験則を使って経験を整理し、洞察力を高め、進むべき正しい方向を見つけることができる。

しかし、メンタルモデルだけが、私たちが人生で直面する物事について、うまく考えるための唯一のツールではない。次の章では、思考の道具箱の中身を紐解きながら見ていこう。

19 思考の道具箱

知性は、優れた思考をするための潜在能力を意味する。しかし、知的な人の多くは、その潜在能力を活かしていない。「考える方法」を学ばないからだ。

対照的に、生まれつきの才能に恵まれていなくても、素晴らしい思考力を持つ人は多い。彼らは良い教師に恵まれ、多くの練習を積んできたのだ。心理学者のエドワード・デボノが書いているように、知性を自動車に例えて、次のように書いている。

「性能の高い車でも運転が下手だったり、性能が低い車でも運転が上手だったりする。車の性能をどう活かすかは、運転手の腕次第だ」(1)

つまり、優れた思考力は生まれつきの才能で決まるというわけではない。むしろ、意図的な練習によって、ほぼ誰でも身につけることができる「学んで習得するスキル」と捉えたほうがよい。

この章では、3種類の思考ツール――〝帽子の思考法〟、〝確率的思考法〟、〝柔軟な思考法〟について見ていく。主に、これらの戦術を、子供たちに教えることができるスキルとして説明するが、その適用範囲はもっと広い。思考プロセスや意思決定能力を向上させるために、誰もが活用できるテクニックなのだ。

それではまず、6種類の帽子の思考法（シックスハット法）について説明しよう。

●帽子の思考法

優れた思考とは、入手可能な情報を最大限に活用するスキルである。それは批判的思考や論理、分析以上のものを含んでいる。これらのツールに加えて、創造性、探究、設計、知覚も含まれている。最も優れた思考者はあらゆる戦術を駆使する。

では、どのようにして思考を学ぶのだろう？　そして、どのように子供たちに教えたら良いのだろう？

エドワード・デボノは『Teach Your Child How To Think（子供に考え方を教えよう）』という素晴らしい本を書き、その中で、親が異なる「思考の帽子」の使い方を子供に教える方法を紹介している(2)。それぞれの帽子は、問題を考える際にとることができる異なる視点を表している。

どれも違う帽子で、独特の観点から物事を見るのに役立つ。

では、それぞれの帽子について順番に説明していこう。

1．白い帽子——事実、数字、情報を表す

この帽子は入手可能な情報に焦点を当て、誰がどう感じるかではなく、客観的な事実を求める。白い帽子をかぶると、「どんな情報があるか？　どんな情報が欠けているか？　必要な情報をどうやって手に入れられるか？」などと自問するだろう。

2．赤い帽子——感情、感覚、予感、直感を表す

白い帽子の正反対だ。赤い帽子は事実ではなく、人の感情に興味を持っている。赤い帽子をかぶると、「今この状況について、自分はどう感じているだろう？　この状況を他の人はどう感じるだろうか？」と自問するだろう。

3．黒い帽子——警戒、真実、判定を表す

批判的思考の帽子だ。デボノによれば、厳格な裁判官や、何か間違えると赤点をつける教師のイメージだ。黒い帽子をかぶると、「それは真実か？　事実と合っているか？　うまくいくだろうか？　安全か？　実現可能か？」といったことを自問するだろう。

黒い帽子は、伝統的な学校や職場で過剰に使用されがちだが、他の帽子と組み合わせて使うことで、愚かなミスを防ぎ、アイディアの改善につなげることができる。

4．黄色い帽子——利点、利益、貯蓄を表す

太陽の光と楽観主義のイメージだ。この帽子は希望に満ちているが、論理的な帽子でもあるため、希望を裏付ける理由を必要とする。黄色の帽子をかぶると、「それができる理由はこれだ、メリットがある理由はこれだ、それをしたほうが良い理由はこれだ」と言ったりするだろう。

5．緑の帽子——探検、企画、提案、新しいアイディアを表す

成長、豊穣、植物が育つエネルギーをイメージしよう。創造性を発揮したり、既成概念にとらわれない考え方、新しいアイディアを提示するための帽子だ。緑の帽子をかぶると、「よし、馬鹿げて聞こえるかもしれないけれど、代わりにこれを試したらどうかな？」というような提案をするだろう。

6. 青い帽子――考えることについて考えることを表す

頭上に広がる青い空のイメージだ。青い帽子をかぶると、思考プロセス全体を高い視点から見渡すことができる。デボノは、それをオーケストラの指揮者になぞらえている。他の帽子では、主題そのものについて考えるが、青い帽子は、他の思考の帽子をどのように使っているかを考える。

例えば、この章で私たちは、青い帽子を使っているのだ！　青い帽子をかぶると、「私たちはどんな仮定をしているのか？　赤い帽子を十分に使っているだろうか？　もっと創造的になるべきか？　次は何をすべきか？」といったことを自問するだろう。

私たちは、白い帽子（事実）と黒い帽子（判断）だけが、価値のある視点であるかのように行動しがちだ。しかし、優れた思考者は6つの帽子すべてを使いこなす。彼らは感情を考慮し、プラス面を評価し、型破りなアイディアを提案し、思考プロセス全体を監視している。

6つの帽子は、子供たちが物事を「広角レンズ」で見る助けとなる。子供たちは認識を広げ、多様な知的スキルを使うことを学ぶ。つまり、知恵を身につけるのだ。

最高の思考者はあらゆる種類の戦術を駆使する。

知恵は優れた思考の究極の目標である。それは、状況を幅広く観察する習慣だ。知能と異なり、知恵は生まれつきの才能ではない。また、年齢を重ねれば自然に身につくものでもない。誰もが、賢い子供にも愚かな大人にも遭遇したことがあるはずだ！

知恵は意図的な訓練から生まれる。複雑な問題を解決するためには指導と経験が必要なのだ。この6つの帽子の使い方を訓練すれば、子供たちは、大人たちが一生かけて学ぶ以上の知恵を、一年で身につけることができる！

それぞれの帽子を使った上で、物事がどう転ぶかわからないことに気づくかもしれない。その場合は、どうすれば良いだろう？

次に、状況に確率を持ち込む方法について話そう。

●確率で考える

優れた思想家は優れたギャンブラーでもある。彼らは常に賭けをし、確率を利用する。なぜこの習慣が大きな違いを生むのか、そして、子供たちが優れた意思決定プロセスを用いるのを助ける方法について説明しよう。

難しい選択には、先を見通した思考が必要だ(3)。結婚、投票、投資、子育て、仕事。人生における重要な決断はすべて、物事がどのように展開するか考えることを迫る。

何が問題か？　未来は確実ではないということだ。

十年後、世界は私たちや子供たちの想像とは、はるかに異なったものになっているだろう。では、物事がどう転ぶか誰にもわからない時に、どうすれば良い選択ができるだろう？

まず、元プロのポーカープレーヤーで、私のお気に入りの本のひとつ『Thinking in Bets』（『確率思考　不確かな未来から利益を生み出す』日経ＢＰ）の著者でもあるアニー・デュークが考案したエクササイズをやってみよう(4)。

昨年、あなたがした最高の決断について考えよう。

思いついた？　オッケー。

その決断の結果はどうなった？

■ 良かった
■ 悪かった
■ 普通だった

子供たちに、
絶対的なものとしてではなく
確率として考えるように促そう。
未来にはさまざまな方向に
進む可能性があることを
早めに学んだほうが良い。

大抵の人はそうだと思うが、あなたは上手くいった決断を選んだはずだ。なぜだろう？　私たちは結果に基づいて選択を判断する傾向があるからだ。最高の決断について考えるように言われた時、あなたの頭にはすでに、上手くいった決断が思い浮かんでいたはずだ！

これこそが、アニー・デュークが「結果論」と呼ぶ問題点なのだ[5]。

彼女は『Thinking in Bets』で、２０１５年のスーパーボウルでのシーホークスの例を挙げている。キャロルヘッドコーチは試合終了間際にパスを指示した。ペイトリオッツはインターセプトして勝利した。最悪の結末に、多くの人がキャロルコーチを責めたが、実際には良い選択だったのだ。過去15シーズンで、あの場面でパスがインターセプトされたのは、わずか２％の確率だった[6]。

自分が下した決断を、その結果で裁くべきではない。運が果たす役割があまりにも大きいからだ。それよりも、コントロールできることに焦点を当てるべきだ。意思決定のプロセスに焦点を当てるべきなのだ。

では、どうすれば、優れた意思決定プロセスを子供たちに身につけてもらえるだろう？　すべての子供が学ぶべき、そして、すべての大人が覚えておくべき４つの教訓を説明しよう。

１．物事を絶対的なものではなく、確率として考えることを促す

私たちは皆、何気なく白か黒かで考えてしまいがちだが、人生はもっと複雑だ。子供たちには、「それは確実だ」などという言い方を避け、その代わりに、さまざまな結果が起こる可能性をパーセンテージで言い表すように促す。未来はさまざまな方向に進む可能性があることを、早めに学んでおけばおくほど良いのだ！

2．心をオープンにしておけるよう助ける

意思決定を専門とする科学者フィリップ・テトロックによると、優れた意思決定者はキツネに似ている。機敏で柔軟で適応力があるのだ(7)。

常に一つの大きな考え方の枠を通して世界を解釈するのは簡単だが、子供たちにその反対のことを練習させよう。一つの答えに決める前に、6つの思考の帽子を使って、物事をいろいろな視点で見るように促すのだ。

3．グループで作業をさせる

子供たちでさえ、自分一人の力では逃れきれない偏見を抱えている。解決策は、友達とチームを組ませることだ！　お互いの間違いを指摘しあうように促そう。難しい質問を出しあって、建設的な批判をさせあおう。

4．考え方を更新できるようにする

間違ったことをした時に罰するのではなく、一つ一つの決断を小さな試金石と捉えさせる。

「上手くいったかな？　何を学んだだろう？　次回、もっと良くするにはどうすれば良いだろう？」などと、大人に同意してもらえるかどうかを気にすることなく、自分自身に問いかけさせるべきだ。

　もちろん、子供たちに実験させるには、事が大きすぎる選択もあるが、日常的な決断の多くについては、子供たちが試して、間違い、学び、思考力をつけていく機会を与えても大丈夫だ。

　これまで見てきたように、未来について決断を下す時には確率で考えるべきだが、未来を創造しようとしている時はどうだろう？　革新や発明をする際には、世界をどのように捉えたら良いのだろう？

柔軟な思考

　多くの点で、人間はそれほど特別な存在ではない。チンパンジーは、体重あたりの力では私たちよりも強い。不死身のクラゲだっている！　しかし、人間には他と一線を画す〝考える〟という特別な方法がある。そのおかげで、都市を建設したり、新しいテクノロジーを発明したり、月に行くことができるのだ。

「でも、動物だって考えるんじゃないの？　脳があるんだから」と思うかもしれない。しかし、重要なのは、その〝思考方法〟なのだ。

物理学者でリチャード・ファインマンの同僚だったレナード・ムロディナウは、思考を3種類に区別している。

1. 自動的思考：状況に対する反射的な反応
2. 分析的思考：注意深い分析的な考察
3. 柔軟な思考：創造的で自発的なつながり(8)

ほとんどの動物は、状況に対する反射的な反応という最初の種類の思考しか使わない。カモメを例に取ろう。親鳥が小刻みに地面を踏むと、それが引き金となって嘔吐《おうと》し、ヒナが駆け寄ってきてそれをつつき始める。これが**自動的思考**だ！　彼らは自然な反射に従っているのだ。

人間も自動的思考を使う。例えば、自然に好意を返す。何かをくれる人に、何かを返すのだ。セールスマンはこの反射を利用する。車を売りやすくするために、ちょっとした贈り物をしてくるかもしれない。

しかし、この罠から抜け出すことはできる。どうやって？　セールスマンからの贈り物を受け取らないことだ(9)。このルールを作り、常にそれに従えば、二度とこの手口には引っかからないだろう。この戦術は、二番目の思考法である「**分析的思考**」の一例だ。

従来の教育は、分析的思考を教えることに主眼を置いている。子供たちは論理を使って計画を立て、答えを計算し、無意識の行動を正すように教えられる。

コンピューターも分析的思考を使う。実際、コンピューターはどんな子供よりも、そしてどんなに賢い大人よりも、分析的思考に長けている！　例えば、コンピューターのディープ・ブルーは1996年に、当時のチェスの世界王者ガルリ・カスパロフを破った！(10)　今やつねに、コンピューターのほうがチェス王者に勝っている！

コンピューターは論理的な手順に完璧に従う。私たちが指示したことを忠実に実行する。しかし、新しい状況に直面すると、正常に動かなくなってしまう。三番目の思考である柔軟な思考を使えないからだ。

柔軟な思考は、人類が直面したことのない問題を解決するのに役立つ。それは、従うべきルールブックがない時にする思考法だ。一歩一歩、段階的に考えるのではなく、探検と発見の冒険に飛び込み、しっくりくる新たな解決策が現れるまで取り組むのだ。

ムロディナウの言葉を借りれば、自動的思考は自動車の運転に役立ち、分析的思考は自動車を組み立てるのに役立つが、柔軟な思考は、カール・ベンツにそもそも自動車を発明するというア

柔軟な思考は
自動車の発明を
助けた
分析的思考は
自動車の組み立てを
助ける
自動的思考は
自動車の運転を
助ける

イディアを与えたのだ(11)。

柔軟な思考は、かつてないほど重要になっている。現代社会では、物事は絶えず変化している。古い問題を解決する前に、新たな問題が出現する。その結果、私たちは教育へのアプローチを根本的に転換し、典型的な学校での教育よりも、柔軟な思考を育むことを、より優先していくべきなのだ。子供たちが解決策を生み出せるようになるためには、独創的なアイディアを発展させるスキルを身につける機会が必要だ。

では、子供たちが柔軟な思考を向上させるには、どうすればいいだろう？ そのプロセス自体は簡単だが、従来の学校とは逆のことをしなければならない。

「実社会に出るまで待ちなさい」という教師の言葉

を聞いたことがあるだろう。それは、学校が人生をあまりにも矮小化《わいしょうか》して扱っているからだ。学校では、成功は次のことを意味すると教えている。

■ 規則に従うこと
■ 決まった答えを覚えること
■ 単純化された問題を解くこと

これは実社会で成功する秘訣とは真逆であり、実に悲劇的だ。学校は学習から斬新さを奪い、子供たちは柔軟な思考を実践することがないまま、最も人格形成に重要な時期を過ごすことになる。

知恵は優れた思考の究極の目標であり、計画的な実践によってもたらされる。

子供たちの柔軟な思考力を伸ばすためには、学校を根底から覆す必要がある。子供たちに自然な直感に従わせよう。子供たちに指示をかなぐり捨てさせ、自ら発見や冒険を実践させるのだ。

従来の教室で行われる「授業計画」を越えた、形にはまらない自由な遊び、自主的なプロジェクトや実験を追い求め、可能性を探る機会を与えなければならない。

子供たちが発明するものに、驚かされるはずだ。子供たちは、私たちが考えているよりも、はるかに多くの可能性を秘めている。ただ、ありのままでいさせてあげるだけで良いのだ。

PART 6

自分だけの学びのゲームを設計しよう

いったん「学校というゲーム」に気づいてしまったら、そこから抜けて、「学びというゲーム」に参加する準備ができたと感じるだろう。以下に、自分と自分の子供たちが効果的な学習ゲームをデザインする際に、覚えておいてほしいガイドラインをいくつか紹介する。私自身も、子供たちと一緒に学習体験を構築する際に、これらの要点を手元に置いておくつもりだ。みなさんにも同じように活用してもらえることを願う。

◎子供たちに過剰に指示するのをやめて、創造的かつ自主的に考える余地を与えよう

子供たちに自分で物事を考える機会を与える。積み木を与えたら、あとは邪魔をせず、好きなように作らせる。学ぶことに打ち込むように促すことで、子供たちはその課題に立ち向かい、積極的に関わり、より上手な準備ができるようになる。自主的に考える場を与えることで、子供たちは学びへの意欲が高まるだろう。

◎子供たちが失敗を恐れないように、学びのプロセスを見直す

失敗を罰則化すると、失敗するのが怖くなる。そして、失敗を恐れるあまり、子供たちは挑戦しようとしなくなる。子供たちが失敗から学び、再挑戦するように促そう。

◎フィードバックの仕方や褒め方に注意する

能力ではなく努力を評価する。成果よりも倫理感を、結果よりも学習のプロセスを、課題の完了よりも、好奇心、粘り強さ、成長型マインドセットを評価する。

◎子供たちに選択肢を与え、責任を持たせる

子供にも大人と同じように話す。意思決定には子供たちも加わらせる。たとえ、こちらが期待するやり方でなくても、子供たちがうまくこなしてくれると信じよう。

◎子供たちに自分の好きなプロジェクトに取り組むように促す

本当の学びは、子供たちが自分にとって重要なことに熱心に取り組む時に生まれる。健全な〝何かに取り憑《つ》かれた状態〟が生まれる条件を整えよう。

◎進歩を測る手法の幅を広げる

子供たちに、自分のスキルや知識を示すことができる複数の方法を与えよう。テストや成績だけにこだわりすぎない。大切なのは、学び方を学ぶことなのだ。

◎外からの動機づけを避ける

ご褒美は、子供たちが短期的な学力基準や行動目標を達成するのに役立つかもしれない。しかし、最終的な目標である、生涯にわたって自主的に学び続ける人を育てるということから注意をそらしてしまう。代わりに、内側からの動機づけ（やる気）を引き出そう。

◎子供たちが不快な状況に慣れるのを助ける

彼らが、難しい感情、不確実さ、馴染めない感じ、自信のなさを受け入れることができれば、社会で成功するための内面的な資源を築くことができる。

◎子供たちが混乱にじっくり向き合えるようにする

子供が困惑した時、すぐに助け舟を出したくなる衝動を抑える。適度な混乱は好奇心を刺激して成長を促す。混乱が足りていないと退屈してしまう。

◎何事にも疑問を持たせる

ある主張を真実として受け入れる前に、質問をしたり、さらなる証拠を求めても良いのだと教える。子供たちに懐疑的な態度を養わせよう。既成概念を否定するように促そう。「なぜ?」という質問を大切にする。子供はよく「なぜ」と質問する。それは物事の仕組みを理解しようとしているからだ。目の前に投げかけられたことを分解して、それが理にかなっているかどうかを判断しようとしているのだ。自分の頭で考えようとしているのだ。

◎データや数字や数式や理論を、面白い逸話のある人物とからめる

子供たちは誰かに感情移入すると、その人の真似をしたりして、より学びやすくなる。ストア派のような、勇気があり、公正で、節度があり、賢い人格を育むようにしよう。真の教育とは、出世する方法を学ぶことではない。意義のある道徳的な人生を送る方法を学ぶことなのだ。本物の英雄の話をして聞かせ、物事に冷静かつ敬意を持って対処する様子に注目させる。そして、そうした価値観を実践できているか、「美徳日記」に記録するように勧める。

◎子供たちにGoogleで検索できるような情報は覚えさせない

情報は〃なぜ〃重要なのか、それが真実だと〃どうやって〃知ることができるのか、〃どうすれば〃その概念を自分で応用できるのか、を理解させることに重点を置く。暗記が必要な場合は、単純な暗記カードではなく、記憶の宮殿を作るのを手伝ってあげよう。

◎子供たちが自分の強みを生かす方法を見つける手助けをする

子供はさまざまな活動に挑戦し、合わないものはやめ、反復し、探究し、自分だけの特定の知識、つまり自分のこだわり、才能、生まれ持ったスキルを見つけだす必要がある。

◎知性と巧みな思考力とは別物だ

優れた思考とは、物事を広角レンズで見るのに役立つスキルと、考え方（マインドセット）の集まりだ。子供たちが思考する上で優れた視点を学び、それを意図的に運用する練習を助けよう。

◎子供たちに、学習方法の選択肢はたくさんあり、学習の傾向も固定的でないことを気づかせる

従来の「一つの学習スタイル」という方法ではなく、世界を理解し、より良い決断を下し、問題を解決するための、幅広いメンタルモデルを子供たちに身につけさせる方法へ切り替えよう。

◎ビデオゲームは学習の道具になる

双方向性であり、負けてもそれほどリスクはなく、失敗から学んで上達することができる。

◎子供たちは学校に欠けているものをオンラインで見つける

オンラインでは興味のあることに時間を費やすことができる。ゲームをするにしても、プレイの仕方や仲間を決めるのは自分だ。気の合う仲間とつながることもできる。

◎ただし、スクリーン依存症は深刻な問題だ

オンラインに費やす時間で得られるものについて、子供たちと本気で話し合い、現実の世界で同じような満足感を得られるものを見つけだそう。厳しい制限を設けるのではなく、一緒に管理していこう。

◎学習をゲーム化する。ただし点数稼ぎのゲームにしてはいけない

子供たちがすでに時間をかけて取り組んできたことの目標を作成し、興味を持続させるのに適切な難易度を与え、明快で適切なフィードバックを返し、何度でも挑戦させる。シールや休み時間というご褒美とは異なり、このような考えに基づいて作られたゲームは、フロー状態を生み出す。

◎学習にリスクを持たせる

人生を変えるような失敗の可能性のない、現実そっくりのリスクの高い状況に学習のコンセプトを結びつける。

◎子供の学習に深く関わる

ただ子供を学校に送り届けて、上手くいくことを祈るだけではダメだ。あなたが関わることで、子供たちに安定感を与え、学習の隙間を埋める役割を果たすことができる。そうすることで、子供の学習を促すための最良のパートナーになる方法が理解できるようになるだろう。共に学び、成長する時間を楽しもう。

◎子供の行動を理解するためにメンタルモデルを使い、健全な対応ができるようにする

メンタルモデルは、子育ての複雑さを理解するための地図のようなものだ。問題を診断し、望ましい結果を生む可能性の高い行動を取るのに役立つ。子供が生活のなかで見せる特定のパターンを認識し、健全な対応をするための独自のメンタルモデルを作ることが重要だ。

◎善意の行動と過保護は紙一重

子供はあなたが考えている以上に、多くのことを乗り越えられる。困難に挑むことで強く成長できるのだ。

◎バランスを取る

子供に挑戦させることは、ある程度までは有効だ。リスクを取らせることは重要だが、人生を左右するようなものであってはならない。失敗に慣れさせる一方で、どんな時に支援が必要かを学ばせる。頑張るべき時には粘り強く、諦めるべき時には諦められるように手助けしよう。

これらの指針は、重要な一つの考え方に集約される。子供たちは、大人が思っているよりも、ずっと多くの能力を持っているということだ。それを、あなたや世界に示すための余地を作ってあげさえすればいいのだ。

大人として、あなたにはまだ役割がある。子供にとって理にかなった枠組みを作る手助けをする必要がある。簡単なことではないが、やるだけの価値はある。

誰しもが常に完璧にできるわけではない。しかし、子供の教育に関心を持ち、関わるだけでも、子供に〝違うゲーム〟をさせるための第一歩を踏み出したことになる。

それは、子供たちに投資し、子供自身にも投資を促し、考える方法を教え、実社会に出る準備をさせるゲームだ。ここに挙げた指針をいくつか試してみるだけでも、従来の教育から、探究、批判的思考、自立心、創造性、機敏さ、そしてリスクを取ってゲームに参加する場へと軸足を移すことができる、

これこそ、私が本当の学びと呼ぶものだ。

「学びのゲーム」をさらに進めるために

システムから抜け出す方法
（学校を辞めずに）

私は行き詰まりを感じている保護者とよく話をする。彼らは、従来の学校システムに大きな問題点があることに気づいているものの、子供に学校を辞めさせる状況にはない。子供たちのために、より良いものを望んでいるが、ホームスクーリングには多くの時間がかかる。

そこで、朗報です。子供たちが学校システムから外れることができる選択肢は他にもある。

ここでは、子供たちが学校を辞めずに従来のシステムから抜け出すことができる8つの方法について説明する。どの選択肢にも共通点がある。どれもユニークな方法ではあるが、いずれも、「リンディ効果」で残ってきた過去からのアイディアを取り入れ、現代の状況にさまざまな形で応用している点だ。

そもそも、リンディ効果とは何だろう？

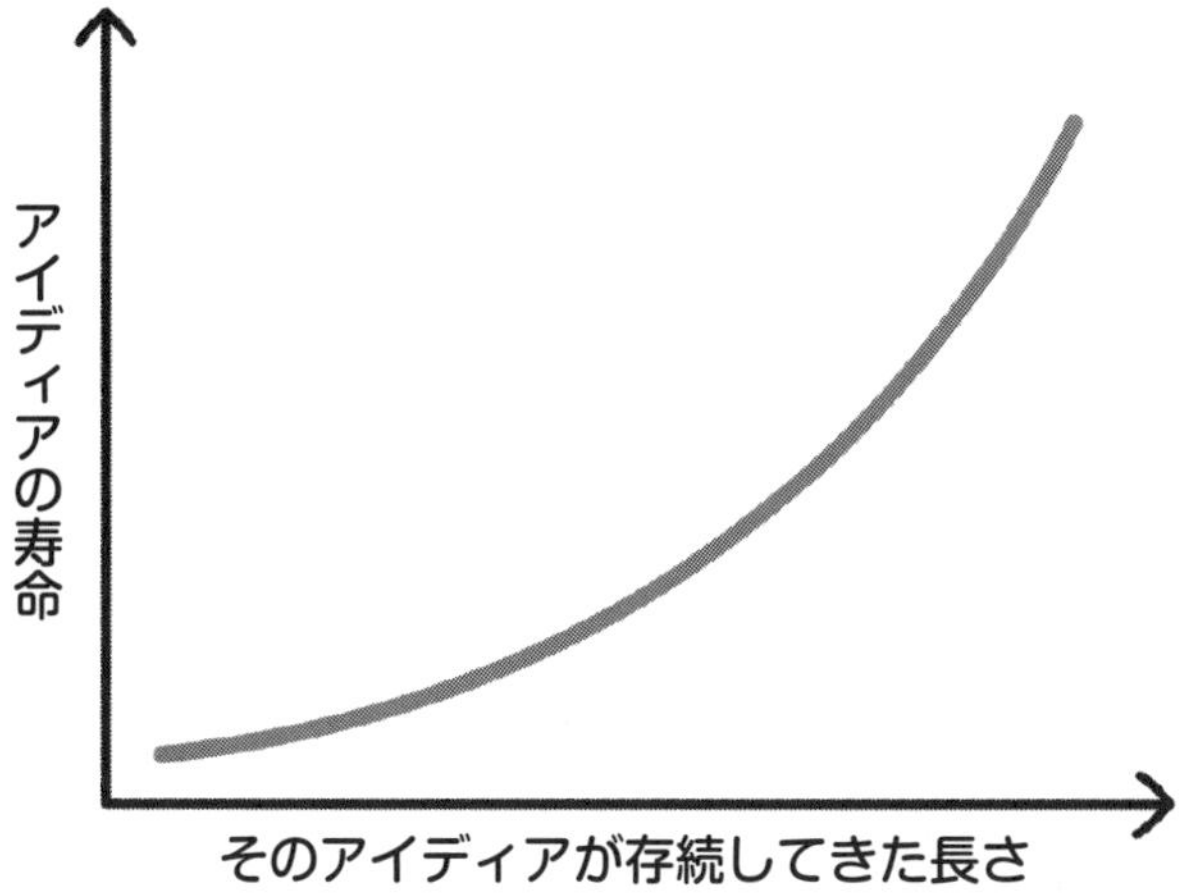

●リンディ効果

ナシーム・タレブはその著書『Antifragile』（『反脆弱性』）の中で、リンディ効果について説明している[1]。要するに、アイディアは人とは違う年の取り方をするということだ。あるアイディアが存在してきた時間が長ければ長いほど、そのアイディアが今後も存続する可能性が高くなるのだ。

リンディ的なアイディアが長続きするのには理由がある。多くの場合、非常に上手く機能するからだ。そのアイディアが上手くいく理由は、必ずしもわかってはいないが、だからといって、それを真剣に受け止めるのを阻止するまでには至らない。過去からの知恵を活用し、その教訓を今日に生かすべきだ。

では、教育における5つの例を見てみよう。

1．遊びはリンディ的である

自由な遊びは、私たちが世界について学ぶための自然な方法だ。古代から私たちは、遊びを通して未知の世界を冒険し、試行錯誤を繰り返し、新しい知識を築いてきた。

子供たちを1日6時間も机に向かわせておくのは、リンディ的ではない。

2．実際にやってみて学ぶのはリンディ的である

狩猟採集民は、実践を通して子供たちにサバイバル技術を学ばせた。子供は弓や槍、調理器具で遊び、部族の仕事にも参加した。

大学を卒業するまで社会に参加させないのはリンディ的ではない。

3．教師がファシリテーター（世話役）として役割を果たすのはリンディ的である

歴史上、最高の教育者は賢明なガイドとして振る舞った。知識を伝えるのではなく、生徒が自分なりの理解に達するまで質問や対話を促した。それは共同で真理を探究する学習モデルだ。

答えをすべて握っている独裁者のような教え方は、リンディ的ではない。

4．ソクラテス式問答法はリンディ的である

何百年もの間、教師たちはギリシャの哲学者ソクラテスの方法を用いてきた。ソクラテスは講義をする代わりに、鋭い質問を投げかけて、生徒が自分自身の論理を使って、自身の信念を築くのを助けた。

でも、講義することもリンディ的ではないか?

たしかに講義はリンディ的だが、それには特別な理由がある。インターネットが登場するずっと以前は、本や講義が情報を伝達する主な手段だったからだ。当時はその目的を果たしていたが、子供たちを惹きつけ、学習させたいのであれば、ソクラテス式の問答のほうがはるかに効果的だ。

5. 教室が一つだけの校舎はリンディ的である

歴史的に、子供たちは一つしか教室がない学校(今日のマイクロスクール)へ通い、年齢がまちまちの少人数のグループで学んでいた。年上の子供が年下の子供に教え、年下の子供は年上の子供から学んだ。

子供たちを年齢ごとに学年分けするのはリンディ的ではない。

現在のほとんどの学校は、この5つのリンディ的なアイディアを採用していない。年長者と年少者を分け、遊びや実践を制限し、何を信じるべきかという教師の説教を、何時間も聞かせている。要するに、学校はリンディ的なアイディアの上を行きたいという罠に陥ってしまったのだ。ありがたいことに、オルタナティブ・スクール（代替学校）や教育プログラムはますます増えており、親はそれを利用して物事を違う方法で進めることができる。子供への従来の教育を、リンディ的アイディアに基づき現代にアップデートされた学習経験で置き換えたり、補ったりすることができるのだ。

そのうちの8つを見てみよう。

1．自己学習コミュニティ

Galileo（galileoxp.com）(2)〈現在は、kubrio と進化している〉のようなプログラムでは、子供たちが同じ興味を持つ仲間と友達になり、一緒に自分たちだけのカリキュラムを作ることができる。プログラミング、ゲームデザイン、アート、ライティング、起業など、100以上のクラスで学ぶことができる。

2．森の学校：フォレスト・スクール（forestschoolassociation.org）(3)

フォレスト・スクールのプログラムは、子供たちを中心に置き、子供たち同士や自然とのつながりを広げ、責任を負わせ、自分自身で学びをつかみ取らせる。親自らがフォレスト・スクールの集会を主導することもできるし、子供たちをプログラムに参加させることもできる。

3．チームによる問題解決

シンセシス・スクール(4)は、子供たちに、世界で最も困難な問題を解決する力を身につけさせる。子供たちは、チームを組んでシミュレーションに参加し、アイディアを出し合い、戦術を試し、決断し、責任を持ち、互いの長所を引き出しながら、優勝を目指す。

4．プロジェクト解決型学習

Arduino（arduino.cc）(5)のようなプログラムを利用すれば、子供たちがプロジェクトに挑戦することで、化学、物理学、電子工学、プログラミングなどを教えてくれる。プログラムは、すべての部品を自宅まで配送してくれ、オンラインでのトレーニングやサポートで、子供たちに実践して学ぶ体験を提供してくれる。

5．オンラインでのSTEAM授業

多くの学校は、子供たちに科学、技術、工学、芸術、数学（STEAM科目）への興味を掘り下げてもらう機会を作ることに苦労している。ありがたいことに、Brilliant.org、Skillshare、Khan Academyなどのプラットフォームは、これらの科目すべてに関する素晴らしい講座を数多く提供している(6)。

6．読書好きな子供に育てる

子供たちに自由に幅広く本を読ませよう。いろんな本を試し、途中でやめてしまっても構わない。ざっと拾い読みして、興味がある本に没頭する。詩、漫画、ノンフィクション、雑誌、料理本、あるいは同じ本を繰り返し読んだっていい。読書への愛を育む秘訣は、自由に選択させることだ。そして、一度読書が好きになれば、どんなことでも自分で独学できるようになる。

7. オルタナティブ・スクール（代替学校）

子供をより良い学校に転校させることができるのであれば、モンテッソーリ教育、ウォルドルフ教育、レッジョ・エミリア教育(7)のようなメソッドに基づいた代替プログラムを検討してみよう。具体的なオルタナティブ・スクールとしては、Sora Schools、Higher Ground、Acton Academy などがある(8)。

8. マイクロスクール

少人数のマイクロスクールも素晴らしい選択肢だ。Prenda(9)やその他のネットワークを通じて利用できる。良いスクールを見つけるには、以下の特徴を確認しよう。

- 混合年齢グループ
- 子供中心のカリキュラム
- プロジェクト解決型の学習

子供たちが自分で探検したり創造したりできる、自由な遊びに重点を置いたプログラムを探そう。「遊び」と謳《うた》っていながら、実際は大人主導で活動するようなプログラムは避けよう。

これら8つの選択肢を活用することで、子供に学校を辞めさせなくても、現代教育の危険な副作用を回避する機会を作り出すことができる。あるいは、従来の学校をオルタナティブ・スクールに置き換えたり、従来の学校と他の教育プログラムを組み合わせることもできる。そうすれば、子供たちも自由に創造し、遊び、アイディアを探求し、自分のプロジェクトに夢中になり、気の合う仲間と友達になることができるようになるだろう。

ミズ・ファブのおすすめ本

ここでは、私が特におすすめする本を紹介し、なぜこれらの本にそれほどの価値があるのか少しお話ししたいと思う。この3冊には共通のテーマがある。

子供たちの主体性をサポートし、発達段階に合った接し方が書かれていることだ。

まず、エスター・ウォジスキー著『How to Raise Successful People（邦題：TRICK）』、次にダニエル・J・シーゲル博士とティナ・ペイン・ブライソン博士の『The Whole-Brain Child（邦題：しあわせ育児の脳科学）』、そして最後にクリス・ヴォスの『Never Split the Difference（邦題：逆転交渉術　まずは「ノー」を引き出せ）』を取り上げる。

では、見ていこう。

●『TRICK：スティーブ・ジョブズを教えYouTube CEOを育てたシリコンバレーのゴッドマザーによる世界一の教育法』

エスター・ウォジスキーは教師として40年の経験を持つ、シリコンバレーの伝説的人物であり、成功した3人の娘の母親でもある。長女のスーザンはYouTubeのCEO、次女のジャネットはカリフォルニア大学サンフランシスコ校の教授、三女のアンは23andMeのCEOである。

エスターはどうやってこれほど多くの成功者を育てたのだろうか？

ベストセラーとなった著書の中で、エスターはその鍵は「TRICK」と呼ばれる哲学にあると述べている。

■ T (trust) 信頼
■ R (respect) 尊重
■ I (independence) 自立
■ C (collaboration) 協力
■ K (kindness) 思いやり(1)

この5つの価値観に同意しない親はいないだろう。当たり前のことすぎて、少し陳腐にさえ感じられるかもしれない。しかし、エスターの哲学が特別なのは、現実の場面での適用の仕方だ。いくつか例を見てみよう。

◎**信頼**

信頼とは、子供たちが自分で物事を解決できると信じることだ。例えば、ある土曜日、エスターの12歳の孫息子には散髪が必要で、8歳の孫娘2人は学用品の買い出しが必要だった。しかし、彼女には両方の用事につきあう時間がなかった。そこで彼女は、孫息子を理髪店で車から降ろし、好きな髪型を頼ませた。そして孫娘たちをディスカウントショップで降ろすと、自分たちで学用品を買わせた。

どちらも比較的安全な場所だが、多くの親にとっては、とんでもないことかもしれない。「子供なのに、どうすれば良いかわかるの?」と。

エスターはこの話を使って、非常に重要な点を指摘しているのだ。子供たちを信頼して何かさせてあげなければ、自分のことを自分でできるようにならない。自分の問題を解決する自信さえない大人になってしまう。しかし、私たちが信頼すれば、子供たちは自分自身を信頼することを学ぶのだ。

◎**尊重**

尊重とは、子供が自分の目標を見つけ、それを追いかけるのをサポートすることだ。

エスターの孫ジェイコブは、歩き始めるのが遅かった。18ヵ月になっても、お尻をついて床を這い回っていた。医師は脚に問題はないと言ったが、それでも両親は心配していた。ジェイコブはバスケットボールが大好きだったので、エスターは彼を幼児教室に連れて行った。
すると、ジェイコブはすぐにドリブルしている他の子供たちに釘付けになった。一人の子がシュートを放ち、ボールが跳ね返って転がっていくと、ジェイコブは自分の番だとばかりに、ボールを取りに走り出した。
ジェイコブは歩き方を知っていたのだ。ただ、他のみんなに見せるのに十分な理由が必要だったのだ。エスターはこう言っている。

「親は落ち着くことだ。子供たちは歩く。子供たちは話す……子供たちに主導権を握らせるべきだ。それはつまり、親が子供を見守るということだ。子供は自分が何者かを知っている。親の仕事は、それに敬意を払って尊重することだ」(2)

親は子供の自主性と個性を育むことで、敬意を示すことができる。

◎自立

自立とは、子供が自分でできることは、してあげないということだ。言い換えれば、年齢に応じた適切な自由を与えるという意味だ。そうすることで、子供たちは幼少期から自分のことは自分ですることを学ぶ。

例えば、エスターは自分の赤ちゃんに「一呼吸おく原則」を当てはめた。赤ちゃんが夜泣きをすると、しばらく待ってからあやすのだ。このわずかな間《ま》は、赤ちゃんが自分で泣き止む練習をして、自立への第一歩を踏み出すチャンスとなる。エスターはこう言っている。

「無茶に思えるだろうけれど、教師として親としての私の究極の目標は、自分がいらない存在になることなのです。そうです。子供が自立して、もはや私を必要としなくなることです」(3)

◎協力

協力とは、子供たちと共犯者のように連携することだ。

エスターはそうやって教室を運営していた。生徒に一方的に講義するのではなく、議論や決定、規律維持に至るまで、生徒に参加してもらった。しかし、学校の経営陣はこのモデルを快く思わなかった。彼女はこう語っている。

「私の中の反抗心が、変わったアイディアを思いついたのです。生徒たちに私が置かれている状況を説明し、校長先生が私を評価しに来た時に、生徒たちが物音ひとつ立てずに静かにしていなければ、解雇されてしまうだろうと言いました。本当に、ありのまま伝えたのです。私は生徒たちを信頼していたし、失うものは何もなかったですから」(4)

彼女のアイディアは成功した！　いつもなら、教室は共同作業でざわざわしているのだが、校長が入ってくると、子供たちはおしゃべりをやめてじっと座り、エスターは講義を始めた。クラスの授業態度は高い評価を受け、エスターは職を失うことなく、生徒たちも教師を失わずに済んだ。

◎思いやり

思いやりとは、他人への気遣い、温かさ、共感、心配りに満ちた生き方を意味する。エスターによれば、これは子育てにおいて最も重要な原則だ。信頼、尊重、自立、協力は、世界にさらに思いやりをもたらす子供たちへとつながるはずだ。

思いやりを育むには、模範と実践の2つが必要だ。エスターは自分の行動、読んだ本、おすすめの番組を通して娘たちに教えた。彼女は娘たちに、常に手を差し伸べ、アイコンタクトを取り、微笑むこと、挨拶をすることを促した。些細なことだが、影響は絶大だ。

皮肉なことに、過干渉な子育ては、個人的な成功を優先するあまり、思いやりを犠牲にしがちだとエスターは指摘する。しかし、思いやりこそ、個人的な成功の鍵なのだ。スタンフォード大学に入ろうとしているにしろ、Google社に入ろうとしているにしろ、採用担当者が求めているのは、他人を大切にする人材だ。

エスターは才能ある3人の娘を育てたが、彼女たちの本当の成功は、立派な職に就いたことではない。何よりも重要なのは、彼女たちが、自分のことは自分ででき、他人に思いやりを持った、自立した思考の持ち主である点だ。

そして、TRICKを使えば、どんな親でも同じように子供を育てることができるのだ。

『しあわせ育児の脳科学』

どんな親でも、子供と上手くいかない時がある。靴を履くことや、寝る支度をするのを嫌がっているとかかもしれない。しかし、適切な戦術を使えば、こうした困難を成長と絆を深める機会に変えることができる。

シーゲル博士とブライソン博士は、著書の中で、ケイティという女の子のエピソードを紹介している(5)。以前は学校が大好きだったのに、ある日、授業中に具合が悪くなってから、毎朝、学校へ行きたくないと父親に猛然と逆らうようになった。ある朝、父親がケイティを学校まで送っていくと、彼女はこう叫んだ。「置いていったら死んじゃうから！」

ケイティを含め、子供たちはまだ思考と感情をうまく調整することを学んでいる段階だ。彼らの行動は反抗的に映るかもしれないが、実は必死に状況を処理しようとしている現れなのだ。脳科学の知識を少し取り入れることで、子供たちの気持ちを理解し、困難な状況にうまく対処できるように導くことができる。

人間の脳は4つの部分に分かれている。

■左脳＝論理
■右脳＝感情
■上脳＝思慮深さ
■下脳＝反射的

子供の場合、この4つの脳の部分は、まだ連携して働くことを学んでいない。そして子供の論理、感情、思慮深さ、本能が統合されていないと、困難に対処することが非常に難しくなる。

人間の脳は４つの部分に分かれている

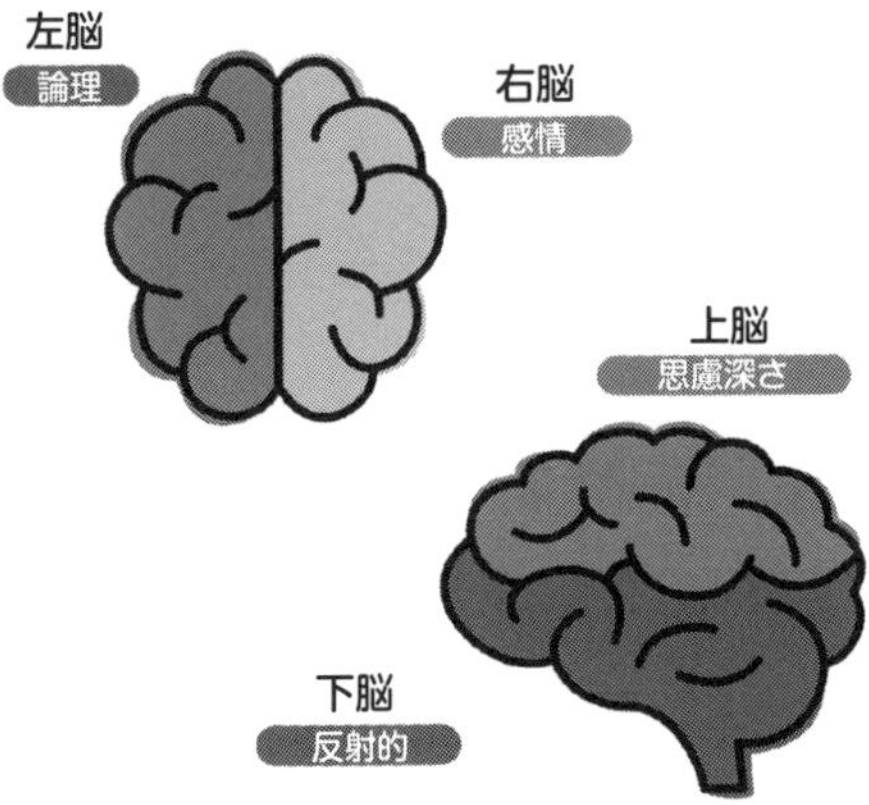

これは急激に身長が伸びた十代の少年がサッカーをする姿を見ているようなものだ。まだ身体の各部位の連携がうまく取れておらず、必然的に何度かぎこちなく転んでしまう。

例えば、ケイティは、右脳の感情と左脳の論理のバランスを取るのに苦労していたのだ。あるいは、お気に入りの石を取られて、妹を殴ろうとした4歳のグラントの例もある。彼は下脳の反射的な反応と上脳の思慮深さのバランスを取るのに苦労していた。

幸いなことに、親には子供の成長を助ける機会がある。

私たちの脳は驚くほど可塑性を持っている。経験を通して、そしてその経験を振り返ることで、脳は配線をしなおす。つまり、親は子供を指導して脳を鍛え、心の健康を育む手助けをすることができるのだ。

シーゲル博士とブライソン博士は、著書の中で、親に役立つさまざまな洞察を提供している。

1. 共感して方向転換させる

子供は感情に圧倒されることはよくある。例えば、「ママは、夜中にお手紙くれないし、宿題なんて大嫌い！」とか、こんな風に混乱したことを言うかもしれない。

子供が理不尽な主張をしてくると、つい命令で返したくなるものだ。

「いったい何を言ってるの！　そもそも、何でまだ起きてるの？　今すぐ部屋に戻りなさい！」

この返答は、子供の左脳の論理に訴えかけるものだが、まさにそここそが彼らが使おうと苦戦している部分なのだ！　要求するのではなく、右脳的な感情に共感し、左脳的な論理を使って方向転換させてあげよう。

「今夜、お手紙を書いてあげようか？　宿題についても良い考えがあるけど、もう遅いから明日話しましょう」

この返答は、子供が強い感情を受け入れる方法を示し、感情を認めてあげている。それと同時に、論理を働かせて賢明な決断を下す良い手本にもなる。

何よりも、あなたはイライラする瞬間を、絆を深める機会に変えているのだ。

2. 言葉にして手なずける

子供たちが感情に飲まれてしまうと、私たちは大抵、そのまま先に進もうとする。しかし、それでは子供たちの深い感情が渦巻くだけで、後でさらに強く表に出てしまう。代わりに、子供たちが声に出して自分の感情を処理することを促そう。

シーゲル博士とブライソン博士は、ベラという9歳の女の子の体験談を紹介している。ベラはトイレの水が溢れるのを見てから、トイレの水を流せなくなってしまった。父親は、恐怖を克服させるために、彼女を座らせて、その話をしてもらうことにした。ベラは、トイレが溢れた時のことを詳細に話した。すると、彼女の恐怖心は消えていった。ベラの父親は、彼女が左脳の論理を活性化させる手助けをしたのだ。二人の会話によって、ベラは起きたことを振り返り、理性をもって不安を鎮めることができた。

結果的に、彼女の左右の脳が一緒に働く練習をする機会となった。

3. 激怒せずに、構ってやる

子供は自分の思い通りにならないと、下脳が主導権を握り、強い本能的な反応を引き起こしがちだ。

例えば、欲しがっていたネックレスを買ってあげなかったとしよう。子供たちは「ママなんて大嫌い！」と食ってかかるかもしれない。私たち親はつい、下脳の反応で応酬したくなる。「そんなこと言っていいと思ってるの？　二度とそんな口をきかないでちょうだい！」

しかし、彼らの下脳は、あなたの注意を思慮深く処理することはできない。代わりに、彼らの上脳に働きかけてみよう。

子供：「ママなんて大嫌い！」
あなた：「わあ、本当に頭にきてるのね。ネックレスを買ってあげなかったから？」
子供：「そうよ！　ママの意地悪！」
あなた：「あのネックレスは売り物じゃなかったのよ。腹を立てたままでもいいけど、よければ、一緒に別のアイディアを考えて解決しましょうよ」

4. 使わないとダメになる

子供たちが成長するには、下脳と上脳の両方を発達させる必要がある。小さいうちは、特に上脳へのサポートが必要だ。

じっくり考える練習をあまりしないと、直感だけに頼るようになり、潜在能力を最大限に発揮しにくくなる。シーゲル博士とブライソン博士はこう述べている。

「上脳は筋肉のようなもので、使い込むと発達し、より強くなって、パフォーマンスが向上する。しかし、放っておかれると十分に発達せず、力と機能する能力の一部が失われていく」

つまり、子供たちには自分で決断させる必要があるのだ。さまざまな選択肢を吟味し、代替案を検討し、選択の結果について考え抜く機会が必要なのだ。そういった練習は、子供たちの脳が成熟し、より強く成長するために不可欠なのだ。

5. 体を動かさないとダメになる

私たちは、脳と身体は別のものだと考えがちだ。しかし、実際には密接に関係している。そのため、精神的なバランスを保つのに苦労している子供たちにとって、体を動かすことは大きな助けになる。

ある母親は、宿題に悪戦苦闘していた息子の様子を語っている。彼女が部屋に入ると、息子はビーンバッグチェア（ビーズクッション）に埋もれるようにして丸まっていた。彼女は、ちゃんと座って宿題をするよう促したが、なかなか進まない。すると突然、彼は家を飛び出し、数ブロック走って帰ってきた。そして落ち着くと、おやつを食べ、母親と一緒に手際よく宿題をしあげた。

つまり、子供たち（あるいは私たち自身）が悪戦苦闘している時には、ちょっとした運動が非常に効果的なのだ。

ここにあげた例は、子供たちに、脳には悪い部分と良い部分があるということを教えるのが目的ではない。充実した人生を送るためには、感情、本能、論理、思慮深さの4つすべてが必要なのだ。肝心なのは、子供たちがこの4つの部分を統合し、バランスの取れた健康な脳を発達させる手助けをすることだ。

シーゲル博士とブライソン博士の洞察のおかげで、私たちは子供たちをより深く理解できるようになる。子供たちとの最も難しい瞬間を、ただ乗り切ろうとする状態から、彼らをたくましく育てるための深い会話を生み出す機会に変えられるのだ。

●『逆転交渉術　まずは「ノー」を引き出せ』

交渉とは、ビジネスの取引や人質救出だけに関係する話ではない。最終的には、人と協力しあうためのスキルなのだ。つまり、すべての人、特に子供と関わる人は、交渉術を学ぶべきなのだ。

子供たちと関わるということは、彼らが適切な決断を下すことを学ぶ手助けをするということだ。そしてそれは、優れた交渉人がしていることでもある。交渉人は、相手と連携をとりながら、その人が自分の選択肢をより明確に考えられるように手助けをするのだ。

私たちは交渉について、次の2つの誤解をしがちだ。

■ 交渉とは要求を通すことだ
■ 交渉とは公平な妥協のことだ

このような誤解は大きな問題を引き起こす。

1. 要求を突きつけることで、子供は反抗するか、諦めてしまう可能性がある

言い換えると、要求は、子供たちに、自分たちの力を奪われているように感じさせてしまう。彼らは拒否して自分のやりたいようにやるか、完全に手を引いてしまうかのどちらかだ。

2. 公平な妥協は必ずしも最良の結果とは限らない

例えば、ティーンエイジャーの子供が水曜日に徹夜でクラブに行きたがっているとしよう。あなたは、友達の家でなら夜遅くまで過ごしても良いという妥協案を出す。バランスが取れて公平だが、ベストではない。ティーンエイジャーは、特に平日の夜は十分な睡眠が必要なのだ。

優れた交渉人は、自分は力を持ち、自立しているという感覚を相手に持たせる。相手に自分自身の判断で決断するように仕向けることで、最善の選択をするのを助けるのだ。

しかし、どうやって？


クリス・ヴォスは、シェーン・パリッシュとのポッドキャスト「The Knowledge Project」で、その方法について語っている(6)。

クリスは元ＦＢＩの国際的な誘拐事件の主席交渉人であり、おすすめ本『逆転交渉術　まずは「ノー」を引き出せ』の著者でもある(7)。彼は交渉人としてのスキルが、子供たちと関わる上でも役に立つことを発見した。

クリスの４つの戦術を見てみよう。

Ⅰ．戦略的に声を使う

人間は自然に周囲の人の雰囲気を真似する。そのため、言い方によって会話を方向づけることができる。
■ ほとんどの場合、ポジティブで遊び心のある声を出そう。子供たちは安心感を覚え、励まされている気がする。

■ 子供たちが不安がったり、取り乱している時は、深夜ラジオのＤＪのような声を使う。ゆったりとした、深みのある、落ち着いた声だ。

■ 自己主張の強い声は反発を招くので、よほど重要なポイントにのみ控えめに使う。

2. 相手の言葉を真似る

誰かを考えさせる最も効果的な方法は、相手に自分の発言をじっくり振り返るように仕向けることだ。

相手の間違った考えを批評してはいけない。その代わりに、相手が言った言葉の最後の数語をおうむ返しにするのだ。

会話の例を見てみよう。

子供：「友達とクラブに行きたいんだ」
あなた：「行きたいんだ……」
子供：「うん、今学期は頑張ったから、休む資格はあると思う」
あなた：「休む資格はあると思う……」

子供：「だって、何回か誘われたけど、勉強のために断ってたし」
あなた：「勉強のために断ってた……」

ぶっきらぼうな口調や非難するような口調は避けよう。子供を辱めたり、思考プロセスを悔やませるのが目的ではない。目的は、話を続けさせ、自分の考え方に目を向けさせることだ。その結果、子供たちに、自分の決断が良いか悪いか、自分で分析させることができる。

3. 相手の感情を言語化する

人は理解されていると感じれば、新しいアイディアに心を開く。それが共感の力だ！　私たちは、共感の仕方を間違って、会話を自分の話にしてしまうことがある。「ああ、その気持ちわかるよ」などと言ってしまう。気持ちを通じさせようとして、かえって、相手の話を聞いていないと感じさせてしまうのだ。

相手の気持ちがわかるなんて言わないで、示すのだ！　あなたが理解した感情を言語化し、そして間を置いて、相手が何を感じているのか、整理して説明する機会を与えよう。

会話の例を見てみよう。

子供：「いいでしょ、パパ、あのクラブに行ったらすごく楽しいんだよ」
あなた：「頑張ったから、友達とお祝いしたいみたいだね」
子供：「うん！　今年は勉強ばかりで、友達と過ごす時間がなかったから、卒業前にみんなで遊びにいく最後のチャンスなんだ」

言語化することで、あなたが考えた相手の気持ちが正しいかどうか、確認するチャンスが得られる。言語化によって、相手は話を聞いてもらえ、感情を真剣に慮《おもんぱか》ってもらえたと感じる。また、相手が自分自身の視点に対する自己認識を深める助けにもなる。

4. オープンクエスチョン（自由回答形式の質問）をする

最後の戦術は、子供たちに考えさせるような、純然たる質問をすることである。

例えば、クラブに行くことに「ノー」と言う代わりに、「どうやったら、そんなに遅くまでクラブに行かせてあげられると思う？」と尋ねてみるのだ。イエスかノーかではなく、〝どうやったら〟から始めて、自由に答えられる質問にすること。

目的は、子供たちを巻き込み、問題解決のプロセスに引き入れることだ。もっと良い選択肢を、自分で見つける責任を負わせるのだ。

これらの戦略は、難題に一緒に取り組む中で、強い関係を築くのに役立つ。誰もが納得できる解決策を生み出すために効果的な方法だ。また、子供たち自身が他人とうまくやっていくための手本にもなる。

ここで挙げたアイディアや戦術が、すべてあなたの役に立つことを願っている。さらに詳しい内容については、紹介した本を読んでみてほしい。魅力的なストーリー、実践的なヒント、そして子供（大人とも）と、より効果的に連携していくための思慮深い考察に満ちているはずだ。

あとがき――クリスマン・フランク

最近では多くのことがそうであるように、始まりは、あるツイートだった。

私はアナのことを知らなかったが（その頃、彼女のフォロワーは100人ほどしかいなかった）、彼女が教育界で侮れない存在になることはすぐにわかった。

当時、私は友人のジョシュ・ダーンと教育関係の会社を立ち上げるアイディアを練っていた。彼はイーロン・マスクとアド・アストラ・スクールを共同設立した、世界屈指の教師だ。そこで私はアナに連絡を取り、意見を求めた。

私たちはビデオチャットで話した。彼女はカリスマ性があり、（英語が第三言語であるにもかかわらず）雄弁だった。誰もが教育について意見を持っているが、アナの話しぶりは、経験豊富な実践者としての説得力と、初心者の好奇心をあわせ持っていた。

ジョシュと私が起業を決断し、「シンセシス」の立ち上げに踏み切った頃、アナは（予想通り）教育についての斬新な洞察の発信源となってツイッターを席巻していた。彼女は、シンセシスの最初のセッションにオブザーバーとして参加し、2万人以上のフォロワーに向けてローンチ記事

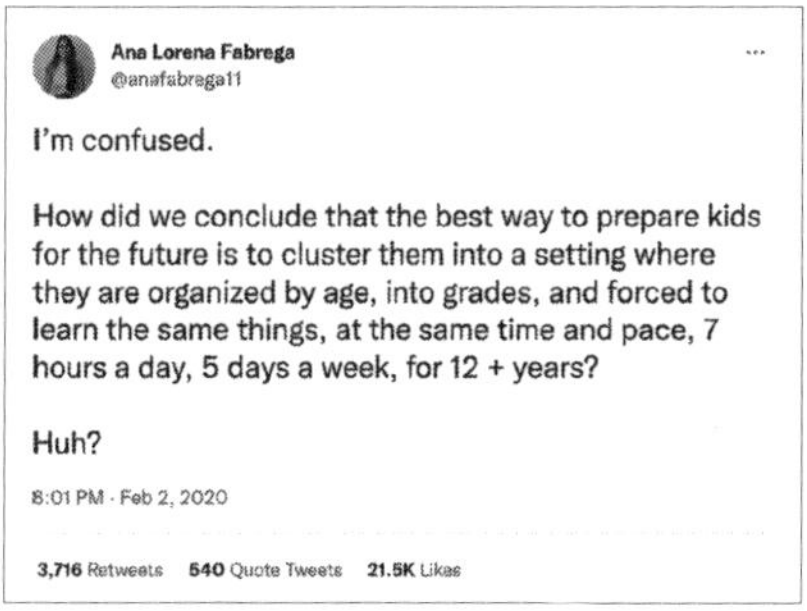
Ana Lorena Fabrega
@anafabrega11
I'm confused.
How did we conclude that the best way to prepare kids for the future is to cluster them into a setting where they are organized by age, into grades, and forced to learn the same things, at the same time and pace, 7 hours a day, 5 days a week, for 12 + years?
Huh?
8:01 PM · Feb 2, 2020
3,716 Retweets 540 Quote Tweets 21.5K Likes

訳がわからない。
私たちはどうして、それが子供たちを未来に備えさせる最善の方法だって結論づけたんだろう？　年齢ごとに学年に振り分けて、全員に同じことを、同じ時間とペースで、1日7時間、週に5日、12年以上も学ばせること？
うーん

を書き、数ヶ月後にはチーフ・エバンジェリストとして参加してくれた。

私たちが彼女に期待したことはシンプルだった。〝アナであり続けること〟だ。飽くなき学習マシーンであり続けること。何百人もの子供や親と話し続けること。そして何よりも、その洞察を世界と共有し続けることだ。

アナのメッセージがより多くの人々に届けば届くほど、人類の最も重大な問題を解決できる可能性が高まる。

なぜかって？

それは、今日、子供たちを教育するシステムが崩壊しているという問題（文明にとって大問題である）に対して、アナが斬新な視点を提示しているからだ。

現在、私たちの教育システムは、主にコンピューターという前例のないツールを活用することができず、次世代の10億人の人間を断固とした問題解決能力を持つ人間に育てることができないでいる。従来の学校教育は、組み立てラインと集団洗脳の時代に合わせて作られたものだった。そして、それは時代に取り残されてしまった。2023年になってもなお、子供たちを型にはめ、何の疑問も持たずに指示に従うことを求めているのは、恥ずべきことだ。

人的資本は最も希少な資源であり、文明の進歩のボトルネックである。人類の未来を担う世代の教育方法を軌道修正することは、私たちの最優先事項でなければならない。

今日、誰もがそれを認めているわけではないが、アナのような声を上げる人物が現れ、このメッセージを広めてくれていることに、心から嬉しく思う。

彼女の初めての本は、時代遅れの教育構造の中で、一筋の楽観主義を象徴している。私は微笑みながら読んだ。やるべきことは山積みだ、と私は自分に言い聞かせ続けているが、正しい方向に向かっていることだけは確信している。

皆さんも、私と同じくらい、この本を楽しんで読んでいただければ幸いである。

謝辞

この本を執筆するにあたり、本当に多くの方々にお世話になった。学ぶことへの愛情を植え付けてくれた両親。ハリマン・ハウス社のチームは、私にチャンスを与え、それをすべて叶えてくれた。私に執筆のインスピレーションを与え、私の仕事をサポートしてくれた、デイヴィッド・ペレル。私を信じ、ずっと励まし続けてくれたクリスマン・フランク。ぴったりなイラストを描いてくれたジャニス・オゾリンズ。出版過程を監督してくれた、ジェームズ・ベアード。かけがえのない貢献とフィードバックをしてくれた、シルビア・スコドロとポリーナ・ポンプリアーノ。そして何よりも、夫のフェルナンド。彼の輝く知性と編集力は私の作品を高め、彼からの信頼は、いつか彼が確信するような人間になれるかもしれないという希望を私に与えてくれた。

ブ・ジョブズを教え YouTube CEO を育てたシリコンバレーのゴッドマザーによる世界一の教育法』(文藝春秋)
2 同書
3 同書
4 同書
5 Daniel Siegel and Tina Payne Bryson, *The Whole-Brain Child* (New York: Penguin, 2011)／ダニエル・シーゲル、ティナ・ペイン・ブライソン『しあわせ育児の脳科学』(早川書店)
6 Chris Voss, "The Art of Letting Other People Have Your Way,"「他人を思いのままに操る技術」The Knowledge Project podcast (October 2019).
7 Chris Voss with Tahl Raz, *Never Split the Difference* (New York: HarperCollins, 2016)／クリス・ヴォス、タール・ラズ『逆転交渉術 まずは「ノー」を引き出せ』(早川書房)

3 Philip Tetlock and Dan Gardner, *Superforecasting* (New York: Penguin, 2015)を参照。／フィリップ・E・テトロック、ダン・ガードナー『超予測力——不確実な時代の先を読む10カ条』(早川書房)
4 Annie Duke, *Thinking in Bets* (New York: Penguin, 2018)／アニー・デューク『確率思考　不確かな未来から利益を生みだす』(日経BP)
5 同書
6 同書
7 前掲 Tetlock and Gardner, *Superforecasting.*
8 Leonard Mlodinow, *Elastic* (New York: Penguin, 2018)／レナード・ムロディナウ『柔軟的思考　困難を乗り越える独創的な脳』(河出書房新社)
9 Robert Chialdini, *Influence* (New York: HarperCollins, 1984) を参照。／ロバート・B・チャルディーニ『影響力の正体　説得のカラクリを心理学があばく』(SBクリエイティブ)
10 マーク・ロバート・アンダーソン、“ディープ・ブルー対カスパロフから20年：チェスの試合がビッグデータ革命を起こした理由”ザ・カンバセーション (n.d.)。
11 前掲 Mlodinow, *Elastic*

システムの終了方法
1 前掲 Taleb, *Antifragile.*
2 galileoxp.com を参照
3 forestschoolassociation.org を参照
4 synthesis.com を参照
5 arduino.cc を参照
6 brilliant.org、skillshare.com、khanacademy.org を参照
7 montessori.org、waldorfeducation.org、reggioalliance.org を参照
8 soraschools.com、tohigherground.com、actonacademy.org を参照
9 prenda.com を参照

ミズ・ファブのおすすめ本
1 Esther Wojcicki, *How To Raise Successful People* (New York: HarperCollins, 2019)／エスター・ウォジスキー『TRICK　スティー

の習慣』の著者）

4 同書

5 Charlie Munger, "A Lesson on Elementary, Worldly Wisdom as It Relates to Investment Management and Business," USC Business School(May 9, 1994).

6 同上

7 Abraham Maslow, *The Psychology of Science* (New York:Harper Collins, 1966)／アブラハム・マズロー『可能性の心理学』（川島書店、絶版）

8 Jonah Berger, *The Catalyst* (New York: Simon & Schuster, 2020)／ジョーナ・バーガー『THE CATALYST　一瞬で人の心が変わる伝え方の技術』（かんき出版）

9 Richard Thaler and Cass Sunstein, *Nudge: The Final Edition* (New York: Penguin,2021)／リチャード・セイラー、キャス・サンスティーン『NUDGE　実践 行動経済学 完全版』（日経 BP）

10 Thomas Wedell-Wedellsborg, *What Your Problem?* (Boston: Harvard Business Review, 2020)／トーマス・ウェデル＝ウェデルスボルグ『解決できない問題を、解決できる問題に変える思考法』（実務教育出版）

11 Andrew Wilkinson, "The Power of Anti-Goals," medium.com (July 6, 2017).（カナダの億万長者、アンドリュー・ウィルキンソンの成功への道）

12 fs.blog を参照

13 Gabriel Weinberg and Lauren McCann, *Super Thinking* (New York: Penguin, 2019)／ガブリエル・ワインバーグ、ローレン・マッキャン『超一流が実践する思考法を世界中から集めて一冊にまとめてみた。』（SB クリエイティブ）

14 Atul Gawande, *The Checklist Manifesto* (New York: Metropolitan, 2009) 参照／アトゥール・ガワンデ『アナタはなぜチェックリストを使わないのか？』（晋遊舎）

第19章

1 Edward De Bono, *Teach Your Child How to Think*（子どもに考え方を教えよう）(New York: Penguin,2017).

2 同書

4　前掲 *Failure*
5　Martin Seligman, *Learned Optimism* (New York: Vintage, 2011) 参照。／マーティン・セリグマン『オプティミストはなぜ成功するか』（パンローリング）新装版
6　Martin Seligman, *The Optimistic Child*（楽観的な子供）(New York: HarperOne, 2007) 参照
7　ディーパック・マルホトラ、「悲劇と天才」、ハーバード・ビジネス・スクール卒業MBA学生へのスピーチ、2012年4月23日。（『チーズは探すな』『交渉の達人』著者）
8　同書
9　クリスティン・レビタンはこの発言をしたブログ記事を削除したようだ。
10　Michelle Obama, *Becoming* (New York: Penguin, 2018)／ミシェル・オバマ『マイ・ストーリー』（集英社）
11　"Futurework: Trends and Challenges for Work in the 21st Century", U.S. Department of Labor, September 1, 1999.
12　"Number of Jobs, Labor Market Experience, Marital Status, and Health（仕事数、労働市場経験、配偶者の有無、健康状態）：Results from a National Longitudinal Survey," Bureau of Labor Statistics, August 31, 2021.
13　Adam Grant, *Think Again* (New York: Penguin, 2021)／アダム・グラント『THINK AGAIN　発想を変える、思い込みを手放す』（三笠書房）
14　同書

第18章
1　Charles Duhigg, *Smarter Faster Better* (New York: Random House, 2016）／チャールズ・デュヒッグ『生産性が高い人の8つの原則』（早川書房）
2　同書
3　James Clear, "Mental Models：Learn How to Think Better and Gain a Mental Edge（より良い考え方を学び、精神的な優位性を獲得する方法)", jamesclear.com(n.d.).（ジェームズ・クリアー『複利で伸びる1つ

2　同書

3　2021年9月7日に公開された、シンセシスのシミュレーションをデザインするまでのジョシュのツイッターのスレッドを参照：https://twitter.com/josh_dahn/status/1435240843389046784

第14章

1　Greg Lukianoff and Jonathan Heidt, *The Coddling of American Mind* (Penguin press, 2018) を参照。ジョナサン・ハイト、グレッグ・ルキアノフ『傷つきやすいアメリカの大学生たち』（草思社）

2　Nassim Taleb, *Antifragile* (New York: Random House, 2012)／『反脆弱性——不確実な世界を生き延びる唯一の考え方』（ダイヤモンド社）

第16章

1　David Epstein, *Range* (New York: Penguin, 2019) 序章参照／デイビッド・エプスタイン『RANGE（レンジ）知識の「幅」が最強の武器になる』（日経BP）

2　Ashley Fetters, "The Case Against Grit（グリットに対するケース）" *The Atlantic* (May 31, 2019) 参照。

3　前掲 *Range*

4　同書

5　Eric Jorgenson, *The Almanack of Naval Ravikant* (n.p.: Magrathea Publishing, 2020) ／エリック・ジョーゲンソン『シリコンバレー最重要思想家ナヴァル・ラヴィカント』（サンマーク出版）

6　同書

第17章

1　John Holt, *How Children Fail* (Lebanon, IN: Da Capo Lifelong, 1995).／ジョン・コールドウェル・ホルト『教室の戦略——子どもたちはどうして落ちこぼれるか』（一光社）

2　Stuart Firestein, *Failure*（失 敗）(New York: Oxford University Press, 2015).

3　2020年1月23日に発表されたナバルのツイートを参照：https://twitter.com/naval/ status/1220309894210846722

12 times—read the now-famous letter here,（J.K. ローリングは『ハリー・ポッター』の企画を12回も却下された）” *Insider* (July 31, 2018).

18 Madison Malone-Kircher, “James Dyson on 5,126 Vacuums That Didn’t Work—and the One That Finally Did,（ジェームズ・ダイソン、機能しなかった5,126台の掃除機の果てに、1台を作りあげた）” *New York Magazine* (November 22, 2016).

19 Katie Gilsenan, “The Next Gen: Getting to Know Kids’ Relationship with Video Games,” gwi.com (July 27, 2021)／ケイティ・ギルセナン「次世代：子供とビデオゲームの関係を理解する」

第12章

1 「ジェネレーション M2：8歳から18歳の生活におけるメディア」カイザー・ファミリー財団（2010年1月）。

2 Richard Ryan and Edward Deci, “Self-Determination Theory and the Facilitation of Intrinsic Motivation, Social Development, and Well-Being"（自己決定理論と内発的動機づけ、社会的発達、幸福感の促進）*American Psychologist* 55, no1(2000).

3 Nir Eyal, "Kids' Gaming Obsession Isn't Really About the Games," *Psychology Today* (August 19, 2018).Nir Eyal, *Indistractable* (BenBella, 2019) も参照。

4 ロバート・エプスタイン「10代の脳の神話」サイエンティフィック・アメリカン誌（2007年6月1日）。

5 Eyal, *Indistractable*／ニール・イヤール『最強の集中力　本当にやりたいことに没頭する技術』（日経 BP）

6 Craig Anderson and Karen Dill, “Video Games and Aggressive Thoughts, Feelings, and Behavior in the Laboratory and in Life,” *Journal of Personality and Social Psychology* 78, no.4 (2000) を参照 .

7 Jane McGonigal, *SuperBetter* (New York: Penguin, 2016).

第13章

1 Nassim Taleb, *Skin in the Game* (New York: Random House, 2018)／ナシーム・ニコラス・タレブ『身銭を切れ　「リスクを生きる」人だけが知っている人生の本質』（ダイヤモンド社）

第11章

1 George Kalmpourtzis, *Educational Game Design Fundamentals*（教育ゲームデザインの基礎）(London: Taylor & Francis, 2018) より引用。

2 ジェイン・マクゴニガル「ゲームが人生をより良くする方法」Invest Like the Best podcast (July 2019).

3 Jane McGonigal, *Reality Is Broken* (New York: Penguin, 2011)／ジェイン・マクゴニガル『幸せな未来は「ゲーム」が創る』（早川書房）

4 クレイ・リゼン「『フロー理論』の父、ミハイ・チクセントミハイが87歳で死去」ニューヨーク・タイムズ（2021年10月28日）

5 Suzanne Prescott and Mihály Csíkszentmihályi, "Environmental Effects on Cognitive and Affective States（認知・感情状態に対する環境の影響）：The Experiential Time Sampling Approach," Social Behavior and Personality 9, no 1 (1981).

6 フロー理論については、Mihály Csíkszentmihályi, *Flow* (HarperCollins, 2008）／M・チクセントミハイ『フロー体験　喜びの現象学』（世界思想社）を参照

7 同書第4章

8 James Vincent, "Amazon Turns Warehouse Tasks into Video Games to Make Work 'Fun'," The Verge (May 22, 2019).

9 Margaret Robertson, "Can't Play, Won't Play," Kotaku(November 10, 2010); Elisa Mekler, "Do Points, Levels and Leaderboards Harm Intrinsic Motivation?" University of Waterloo Stratford School, youtube.com (January 29, 2014) を参照。

10 前掲マクゴニガル「ゲームが人生をより良くする方法」

11 同書

12 同書

13 同書

14 フローについては、チクセントミハイ『フロー体験　喜びの現象学』を参照

15 Mark Rober, "Tricking Your Brain into Learning More," TEDxPenn, youtube.com (May 31, 2018).

16 同書

17 Alison Millington "J. K. Rowling's pitch for 'Harry Potter' was rejected

Born With It, or Maybe It's Experience"（学習スタイル神話の深い理解に向けて), *Journal of Educational Psychology* 112, no.2 (Feburary 2020).
2 VARKとは、visual（視覚)、aural（聴覚)、read/write（読み書き)、kinesthetic（運動感覚）の頭文字をとったもの。詳しくはvark-learn.comを参照。
3 前掲Nancekivell, Shah, and Gelman, "Maybe They're Born With It, or Maybe It's Experience." を参照。
4 James Clark and Allan Paivio, "Dual Coding Theory and Education," *Educational Psychology Review* 3, no.3 (1991); Frank Coffield, David Moseley, Elaine Hall, and Kathryn Ecclestone, *Learning Styles and Pedagogy in Post-16 Learning* (London: Learning and Skills Research Center, 2004) などを参照
5 Polly Husmann and Valerie Dean O'Loughlin, "Another Nail in the Coffin for Learning Styles?" *Anatomical Science Education* 12, no. 1 (2018).
6 Carol Dweck, *Mindset* (New York: Ballantine, 2007).／キャロル・S・ドゥエック『マインドセット「やればできる！」の研究』(草思社)

第10章

1 Sidney D'Mello and Art Graesser, "Dynamics of Affective States during Complex Learning（複雑な学習における感情状態のダイナミクス）," *Learning and Instruction* 22, no 2 (April 2012).
2 "Confusion Can Be Beneficial for Learning（混乱は学習に有益である)," University of Notre Dame, Science Daily (June 20, 2012) より引用。
3 Barry Wadsworth, *Piaget's Theory of Cognitive and Affective Development*（ピアジェの認知・感情発達理論) (5th ed.; London: Pearson, 2003).
4 ピーター・ホリー「イーロン・マスクは火炎放射器を愛する優秀な子供たちのために秘密裏に『実験室学校』を作った」ワシントン・ポスト（2018年6月27日）

4　ポール・グレアム “How to Think for Yourself”（自分の頭で考える方法）paulgraham.com(November 2020).
5　Adam Grant, *Originals* (New York: Penguin, 2017)／アダム・グラント『ORIGINALS　誰もが「人と違うこと」ができる時代』（三笠書房）
6　同書1-2章
7　同書
8　Jordan Crook, “Warby Parker, Valued at $3 Billion, Raises $245 Million in Funding,”（2億4500万ドルの資金調達で、評価額30億ドルのビジネスにしたワービー・パーカー）techcrunch.com (August 27, 2020).
9　Warren Berger, *A More Beautiful Question* (Bloomsbury, 2014)／ウォーレン・バーガー『Q思考——シンプルな問いで本質をつかむ思考法』（ダイヤモンド社）
10　前掲 *Originals*
11　Robert Sutton, *Weird Ideas That Work* (New York: Free Press, 2007), ／ロバート・サットン『なぜ、この人は次々と「いいアイデア」が出せるのか』（三笠書房）

第７章

1　Jean Clottes ジャン・クロット , *What Is Paleolithic Art?*（旧石器美術とは何か？）(University of Chicago, 2016) 参照
2　私信
3　Shane Parrish, “Predicting the Future with Bayes’ Theorem,” fs.blog (n.d.).（シェーン・パリッシュ「ベイズの定理で未来を予測する」）

第８章

1　Joshua Foer, *Moonwalking with Einstein* (New York: Penguin, 2011)／ジョシュア・フォア『ごく平凡な記憶力の私が1年で全米記憶力チャンピオンになれた理由』（エクスナレッジ）
2　同書

第９章

1　Shaylene Nancekivell, Priti Shah, and Susan Gelman, “Maybe They’re

2 現代的な研究例としては、Nathan Kuncel and Sarah Hezlett, "Standardized Tests Predict Graduate Students' Success," *Science* 315, no.5815 (February 23, 2007).
3 前掲 Nichols and Berliner, *Collateral Damage*, 1章参照
4 同書7章参照
5 Nathaniel von der Embse, Dane Jester, Devlina Roy, and James Post, "Test Anxiety Effects, Predictors, and Correlates：A 30-Year Meta-Analytic Review" *Journal of Affective Disorders* 227 (2018).
6 前掲、*Collateral Damage* 2-3章参照
7 ズバイル・アーメド・カーンが、インターナショナル・インディアン・スクール（ダンマーム）の生徒の保護者に向けて（2020年1月15日）。
8 Daniel Pink ダニエル・ピンク ,"The Puzzle of Motivation," TED Talk, ted.com (July 2009).
9 Polina Pompliano ポリーナ・ポンプリアーノ "The Profile Dossier：起業家の子供を育てた教育者、エスター・ウォジスキー," theprofile.substack.com (May 19, 2021).

第4章
1 Alvin Toffler, *Future Shock* (New York: Bantam, 1984), 414.／アルビン・トフラー『未来の衝撃』(中公文庫)
2 Anne-Laure Le Cunff, "The Forgetting Curve：The Science of How Fast We Forget," nesslabs.com (n.d.).／アンヌ・ロール・ル・クンフ「忘却曲線：忘却の速さを科学する」

第6章
1 Paul Graham ポール・グレアム , "A Project of One's Own"（自分自身のプロジェクト）paulgraham.com (June 2021).
2 同上
3 Julie Sygiel, "How The Visionary Founder Behind Jeni's Splendid Churned Her Ice Cream Dreams Into Reality,"（先見性ある創業者ジェニズ・スプレンディッドは、いかにしてアイスクリームの夢を現実にしたのか？）*Forbes* (February 28, 2018).

(2000), pp204-230を参照。
7 Sharon L. Nichols and David C. Berliner, *Collateral Damage: How High-Stakes Testing Corrupts America's Schools*（コラテラル・ダメージ：高得点テストはいかにアメリカの学校を腐敗させるか）(Harvard Education Press, 2007).
8 "NAEP Long-Term Trend Assessment Results: Reading and Mathematics," (NAEP長期傾向調査結果：読解と数学), National Center for Education Statistics, 2022.
9 Robert Gordon, *The Rise and Fall of American Growth* (Princeton: Princeton University Press, 2016); Tyler Cowen, *The Great Stagnation* (New York：Dutton, 2011).
10 Jonathan Rothwell, "Assessing the Economic Gains of Eradicating Illiteracy Nationally and Regionally in the United States," Barbara Bush Foundation for Family Literacy (September 8, 2020).
11 Jeffrey M. Jones, "Confidence in U.S. Institutions Down; Average at New Low," gallup.com (July 5, 2022).
12 レゴの事業戦略については、Jan W. Rivkin, Stefan Thomke, and Daniela Beyersdorfer, "Lego," Harvard Business School Case 613-004 (July 2012). を参照。
13 "Lego: Latest Usage and Revenue Statistics," lightailing.com (May 16, 2022).
14 Page Moreau and Marit Gundersen Engeset, "The Downstream Consequences of Problem-Solving Mindsets（レゴで遊ぶことは創造性にどのような影響を与えるか）:『マーケティング・リサーチ』誌53巻1号（2016)。
15 Derek Cabrera, "How Thinking Works," TEDxWilliamsport, youtube.com (December 6, 2011).
16 Seth Godin, "Stop Stealing Dreams," TEDxYouth, youtube.com (October 16, 2012).

第３章

1 アラン・ブラインダー「アトランタの教育者、学校カンニング疑惑で有罪判決」ニューヨーク・タイムズ（2015年4月1日）

参考資料

第1章

1 John Taylor Gatto, "I Quit, I Think," *The Wall Street Journal* (July 25, 1991).

2 John Taylor Gatto, *Dumbing Us Down* (Vancouver: New Society Publishers, 1992)／ジョン・テイラー・ガット『バカをつくる学校』(成甲書房)

3 同書1章

4 同書3-4章

5 同書5章

6 「マルチタスク：スイッチング・コスト」アメリカ心理学会（2006年3月20日)。

7 前掲 *Dumbing Us Down* 6章

8 同書7章

9 同書8-9章

10 同書9章

第2章

1 James Van Horn Melton, *Absolutism and the Eighteenth-Century Origins of Compulsory Schooling in Prussia and Austria* (New York: Cambridge University Press, 2003).

2 Johann Gottlieb Fichte, *Addresses to the German Nation* (Chicago: The Open Court Publishing Company, 1922).

3 Ellwood Patterson Cubberley, *The History of Education*：*Educational Practice and Progress Considered as a Phase of the Development and Spread of Western Civilization* (New York: Houghton Mifflin, 1920).

4 Max Roser and Esteban Ortiz-Ospina, "Literacy," Our World in Data (September 20, 2018).

5 Arthur Herman, *Freedom's Forge: How American Business Produced Victory in World War II* (New York: Random House, 2012).

6 この傾向は20世紀初頭に生まれたが、第二次世界大戦後に花開いた。John Taylor Gatto, *The Underground History of American Education*

【著者】

アナ・ロレーナ・ファブレガ（Ana Lorena Fábrega）

エデュプレナー（教育起業家）であり、作家であり、イーロン・マスクが作った学校（アド・アストラ）の人気クラス「シンセシス（総合学習）」のチーフ・エバンジェリスト。

幼少期は7つの国の10の学校に通って育った。その経験をもとに、ニューヨーク大学で児童教育と特別教育、心理学の学位を取得し、ニューヨーク、ボストン、パナマで小学校の教師を務めた。

現在、アナ・ロレーナは生徒たちから「ミズ・ファブ」と呼ばれ、オルタナティブ教育の可能性について20万人以上の読者に向けてオンラインで執筆している。

X（旧Twitter）　@anafabrega11

【訳者】

竹内　薫（たけうち・かおる）

1960年東京都生まれ。東京大学理学部物理学科卒業、カナダ・マギル大学大学院博士課程修了。理学博士。物理、数学、脳、宇宙など難解な分野でもわかりやすく伝えるサイエンス作家として活躍。

著書は、40万部を超えるベストセラーの『99・9%は仮説』（光文社新書）、『わが子をAIの奴隷にしないために』（新潮新書）、『竹内薫の「科学の名著」案内』『オヤジも目覚める！Chat GPT革命』（徳間書店）など。翻訳書に『WHAT IS LIFE? 生命とは何か』（ポール・ナース著、ダイヤモンド社）、『THE CHILD CODE「遺伝が9割」そして、親にできること』（ダニエル・ディック著、三笠書房）などがある。

また、横浜、東京で、英語、日本語、プログラミングを学べるYESインターナショナルスクール（www.yesinternationalschool.com）を運営、校長を務める。ZEN大学（仮称、設置認可申請中）基幹教員就任予定。

翻訳協力：竹内さなみ

THE LEARNING GAME
自分の頭で考え、学ぶ楽しさ、挑戦する喜びを教えよう

第1刷　2024年3月31日

著　者　アナ・ロレーナ・ファブレガ
訳　者　竹内薫
発行者　小宮英行
発行所　株式会社徳間書店
〒141-8202　東京都品川区上大崎3-1-1
目黒セントラルスクエア
電話　編集(03)5403-4344／販売(049)293-5521
振替　00140-0-44392
印刷・製本　中央精版印刷株式会社

乱丁・落丁はお取り替えいたします。

Printed in Japan
ISBN978-4-19-865786-4